건강해지고 싶은
모두를 위해

맛있게,
저염식

윤세경

건강해지고 싶은
모두를 위해

맛있게,
저염식

윤세경

프롤로그

아픈 딸을 위해 1년만 해보자고 다짐했던 식단 관리가 어느덧 5년이 되었습니다. 그동안 엄마인 저는 집밥의 달인이 되었고, 하루 한끼 예쁘고 든든하게 차리는 것이 이제는 취미처럼 자리 잡았어요. 건강하면서도 맛있는 밥상을 차리는 지난날의 노력이 아이들의 편식을 없애고 미식가 어린이라는 별명까지 덤으로 얻게 해주었죠. 이 책은 그 시간들을 고스란히 담은 결과물입니다.

첫째 아이가 7살을 앞두고 있던 겨울이었어요. 다리에 하나둘 올라오는 반점이 수족구 같아 병원에 데려갔는데, 그때만 해도 이렇게 무서운 병이 있는 줄 몰랐습니다. HS 자반증이라고 하는 혈관염이었어요. 면역 체계에 혼란이 생겨 자신의 혈관을 스스로 공격하고 염증이 생기게 하는 이 병은 하체에 멍처럼 반점이 퍼지는 증상을 동반했고, 신장까지 해쳤어요. 그때부터 식이요법을 시작했습니다. 저염식은 기본이고 밀가루, 첨가물, 육고기 등 제한해야 하는 음식이 많으니 아이도 저도 몹시 힘든 시간을 보냈지요. 사실 발병 후 6개월 정도는 무너진 모습도 많이 보여준 엄마였어요. 그러나 엄마인 나에게 딸의 건강이 달려 있다는 생각이 들자 마음을 다잡게 되었습니다. 그리고 SNS에 아이에게 먹인 음식들을 기록하기 시작했어요. 또 비슷한 아픔으로 모인 커뮤니티에 가입하여 도움과 위로를 받으며 저도 아이가 잘 먹었던 레시피를 하나씩 올렸지요. "덕분에 우리 아이가 잘 먹었다", "가족 모두가 맛있게 먹었다"라는 댓글들을 읽을 때면 흐뭇하더라고요.

매일 기도하는 마음으로 정성 들여 밥을 차리고, 심심한 반찬들이지만 눈이라도 즐거웠으면 해서 예쁘게 담아주었어요. 같은 재료도 다양한 조리법으로 질리지 않게 먹이려 노력했지요. 덕분에 3살 아래 동생도 자연스레 편식이 없어지더라고요. 저도 밥하는 시간만큼은 잡념을 접어두고 요리에만 집중할 수 있어 그 시간이 편하고 좋았답니다.

식단 관리를 하며 수많은 식재료를 접하고, 영양소 공부도 많이 했어요. 짠맛과 단맛 외에도 우리의 혀를 자극하는 다양한 맛을 느끼게 해주고 싶었지요. 변화하는 계절마다 열심히 제철 재료들을 찾아 요리하며 처음 알게 되는 채소도 많았어요. 처음 보는 재료에 대한 아이들의 거부감은 점차 호기심으로 바뀌었고, 이제는 권하지 않아도 아이들이 먼저 먹어보고 맛을 음미합니다. 물론 여전히 싫어하는 식재료도 있지만요.

요즘은 다이어트나 건강을 위해 저염식을 하는 사람이 많아졌지요. 싱거운 음식은 맛이 없다는 생각을 버리고, 건강하고 맛있는 저염식을 시작해보셨으면 합니다. 다양한 시도를 하다 보면 재미도 붙게 되고, 무엇보다 그동안 짠맛으로 인해 둔해졌던 미각이 조금씩 살아나는 즐거운 경험을 할 수 있어요. 저처럼 절박한 목적이 있어서가 아니더라도, 건강하고 행복한 식생활을 추구하는 삶은 분명 누구에게나 가치 있을 것이란 마음으로, 모든 이들에게 권하고 싶은 레시피들을 모았습니다.

아이들을 돌보며 요리를 하고 글을 쓰느라 작은 책 한 권을 완성하기까지 오랜 시간이 걸렸어요. 그동안 가족들의 넘치는 사랑으로 지지와 격려를 받으며 작업할 수 있었습니다. 몸도 마음도 아픈 시간을 견뎌내고, 완전히 건강해진 딸 채은이 덕분에 이제는 한결 편안한 식사 시간이 되어 가족 모두가 건강하고 즐거운 식생활을 누리며 이렇게 책까지 만들 수 있었으니, 어떤 고맙다는 말로도 부족할 것 같아요. 그리고 언제나 엄마에게 웃음으로 힘을 주는 아들 재우와 책 작업에 집중할 수 있게 늘 옆에서 도와준 남편을 비롯한 모든 가족들, 그리고 아무것도 모르는 제가 책을 완성할 수 있도록 많은 도움을 주신 안소정 대표님에게 감사를 전합니다.

윤 서 경

목차

- 6　프롤로그
- 14　저염 건강식 가이드
- 16　사용하는 도구
- 18　추천 제품 모음
- 23　레시피 참고사항

육수
- 26　멸치육수
- 28　다시마육수
- 30　쯔유

찜
- 34　곰취만두
- 36　무쌈만두
- 38　굴림만두
- 40　쌈두부 배추찜
- 42　가지찜
- 44　애호박찜
- 46　연근 찹쌀찜
- 48　통연근찜
- 50　부드러운 달걀찜
- 52　연잎수육
- 54　간장찜닭
- 56　소갈비찜

조림
- 60　소고기 장조림
- 62　고기감자조림
- 64　단호박조림
- 66　닭고기 두부완자
- 68　새송이버섯조림
- 70　알감자조림
- 72　연근조림
- 74　연근 무조림
- 76　연근 완자조림
- 78　유자 떡조림
- 80　무말랭이 유부조림

구이·볶음
- 84　떡갈비
- 86　떡갈비 가지보트
- 88　떡갈비 품은 단호박
- 90　소떡소떡
- 92　두부 스테이크
- 94　닭다리살 스테이크
- 96　유자 닭날개구이
- 98　항정살 고추장볶음
- 100　메추리알 버섯구이
- 102　약고추장 가지구이
- 104　연근 고기샌드

106 마 찹쌀구이	**나물·무침**	**샐러드**
108 연근 찹쌀구이	134 부드러운 가지나물	170 숙주 샐러드
110 고구마줄기볶음	136 가지나물조림	172 두부 샐러드
112 마늘종 어묵볶음	138 노각무침	174 두부 토마토 카프레제
114 머위대볶음	140 노각나물	176 구운 브로콜리 샐러드
116 명란감자볶음	142 무말랭이무침	178 샐러드 감자피자
118 얇은 감자채볶음	144 무생채	180 청포묵 샐러드
120 오이뱃두리	146 원추리나물무침	182 감자 샐러드
122 콩나물볶음	148 어린 열무나물	
124 공심채볶음	150 청경채무침	
126 달콤 플라워	152 사과 오이 달래무침	
128 우엉잡채	154 고구마줄기무침	
130 고추잡채 & 또띠아	156 단감생채	
	158 들깨 연근버무리	
	160 톳 두부무침	
	162 청포묵무침	
	164 꼬막무침	
	166 오징어채무침	

튀김

- 186 도라지튀김
- 188 두부카츠
- 190 브로콜리 들깨강정
- 192 아스파라거스 소고기카츠
- 194 연근강정
- 196 우엉튀김
- 198 감자 크로켓
- 200 마늘소스 연근스틱
- 202 두릅카츠
- 204 고구마줄기강정

전

- 208 늙은호박전
- 210 들깨 두릅 메밀전
- 212 매생이전
- 214 무전
- 216 묵전
- 218 비트 감자전
- 220 세발나물전
- 222 우엉 찹쌀전
- 224 찰옥수수전
- 226 초당 옥수수전
- 228 브로콜리전
- 230 비지전
- 232 육전
- 234 콩가루 쑥전
- 236 카레연근전

롤

- 240 애호박 떡말이
- 242 두부면 김말이
- 244 양배추롤
- 246 훈제오리 호박잎쌈
- 248 쌈두부 채소말이

죽·국·탕

- 252 밤 타락죽
- 254 늙은호박죽
- 256 경상도식 소고기 뭇국
- 258 미역국
- 260 당면 달걀국
- 262 에그수프
- 264 도토리 들깨탕
- 266 감자옹심이 청포묵국
- 268 유부주머니 어묵탕

한 그릇 메뉴

- 272 떠 먹는 청포묵국수
- 274 애호박국수
- 276 가지덮밥
- 278 머위대덮밥
- 280 연잎밥
- 282 따로비빔밥

절임·겉절이

- 286 방울토마토 매실절임
- 288 당근라페
- 290 무염쌈무
- 292 연근유자절임 & 연근초밥
- 294 주키니피클
- 296 유자 무절임
- 298 적채절임
- 300 봄동 겉절이
- 302 방울토마토 겉절이

간식

- 306 단호박호떡
- 308 유자화채
- 310 율란
- 312 이모모찌
- 314 고구마경단
- 316 호두강정
- 318 백앙금
- 320 앙금절편
- 322 군고구마 만쥬

소스

- 326 무염 달래장
- 328 약고추장
- 330 라구소스
- 332 토마토소스

저염 건강식 가이드

저염식은 무조건 싱겁게 먹는 것은 아니랍니다. 세계보건기구(WHO)의 1일 나트륨 권장량은 2000mg으로, 소금의 양으로 따지면 5g이에요. 그런데 요즘 한국인 평균 나트륨 섭취량은 그것의 2배도 넘는다고 합니다. 라면 하나만 먹어도 1일 권장량의 80% 이상인 제품도 많기 때문이죠. 이 권장량만 지켜도 저염식이라 할 수 있어요.

너무 짜게 먹어도 문제가 많지만 극저염이나 무염은 성장기 아이들의 성장을 방해하고, 저나트륨혈증 등 부작용이 있으니 적당한 나트륨은 체내에 꼭 필요해요. 물론 의사에게 진단 받고 극저염식을 하셔야 하는 분들은 처방에 따라 철저히 관리하셔야 하겠지요. 오랜 시간 저염 식단을 이어오면서 제가 신경 썼던 점들을 몇 가지 모아봤어요.

- 소량의 간을 추가해도 맛의 변화가 크지 않은 음식이라면, 조리 시 간을 하지 않고 소스류를 곁들여 드세요. 예를 들어 비빔밥을 드실 때 나물에는 간을 하지 않고 간장이나 고추장을 소량 넣어 비벼 드시는 게 더 맛있어요.

- '나트륨 1일 권장 섭취량을 지키자'라는 생각으로, 한 끼를 짜게 드셨으면 나머지 끼니는 간단하고 심심하게 드세요.

- 저염으로 끓인 국이라도 양이 많으면 한번에 많은 염분을 섭취하게 돼요. 가급적 국물류는 피하시거나 건더기 위주로 드시는 게 좋아요.

- 신맛, 단맛, 매운맛을 잘 활용하면 염분류를 넣지 않아도 맛있게 즐길 수 있어요.

- 신선한 제철 재료를 사용하면 간이 심심해도 맛이 풍부해져요.

- 김치보다는 겉절이나 피클류를 곁들이면 염분 섭취를 줄일 수 있어요.

- 한 그릇 요리라도 음식에 다양한 색감을 넣어주세요. 보기에도 좋지만 각각의 재료들이 가지고 있는 다양한 영양소를 골고루 섭취할 수 있답니다.

- 하루 한 끼당 생선·두부·육고기 단백질 중 하나를 챙기고, 채소가 들어간 샐러드나 나물 등 간단한 밑반찬을 한두 가지만 챙긴다면 탄수화물, 지방, 단백질을 골고루 챙겨 드실 수 있어요.

- 충분한 수분 섭취와 나트륨 배출에 도움을 주는 식재료를 챙겨 드시면 도움이 돼요. 바나나, 파프리카, 양배추, 양파, 시금치, 고구마, 감자, 브로콜리, 검은콩, 토마토 등이 있어요.

- 가공식품은 원재료를 보고 첨가물이 많이 들어 있는 제품은 가급적 피해주세요. 첨가물의 이름을 하나하나 알지 못해도, 원재료가 심플한 것이 좋으며 어렵고 모르는 원료명이 적을수록 좋아요.

사용하는 도구

계량컵, 계량스푼, 전자저울
저염식을 할 때 가장 기본적으로 갖추고 시작했던 도구예요. 밥숟가락이나 눈대중으로 계량도 많이 했었지만, 저염식을 시작하면서부터 꾸준히 사용하고 있어요. 쓰다 보면 나트륨 계산도 수월해져요. 계량스푼 1t는 5ml, 1T는 15ml입니다.

염도계
저염식을 처음 시작할 때 자주 사용했었어요. 특히 국물의 염도를 측정할 때 유용하지요. 지금은 맛만 봐도 어느 정도 염도 예측이 가능하지만, 한때는 없어서는 안 될 존재였답니다. 가격대가 천차만별인데, 고가의 제품이 아니어도 됩니다. 모든 가정에 필요한 도구는 아니지만 건강 문제로 반드시 저염식을 해야 하는 분이라면 있으면 좋아요.

미니 절구
깨는 미리 갈아두어도 좋지만 그때그때 갈아 쓰면 풍미가 좋아요. 작은 사이즈라 세척도 간편하답니다.

찜기
음식을 소량씩 만들다 보니 작은 사이즈가 쓰기에도 좋고 세척도 편해요. 기름에 조리한 음식보다는 담백한 음식을 좋아해서 자주 쓰는 도구예요.

채칼, 쏨땀 칼
많은 양의 채소를 손질할 때는 채칼을 사용해요. 빠르고 굵기가 균일하여 편리하답니다. 모양과 굵기가 조절 가능한 채칼도 많이 있으니, 평소 요리 스타일에 맞는 채칼을 하나쯤 가지고 있으면 좋아요. 쏨땀 칼은 채소나 과일의 모양을 예쁘게 만들어주는 역할도 한답니다.

모양 틀
우연히 예쁜 쿠키 틀을 발견할 때마다 하나둘씩 모아왔어요. 아이들 음식에 모양 틀로 찍어주면 좋아하더라고요. 두부나 무, 당근, 청포묵, 도토리묵 등을 모양 틀로 찍어 요리에 작은 포인트를 넣어주면 조금은 더 특별한 요리로 느껴지지요.

프라이팬

팬은 무쇠팬과 코팅팬을 번갈아가며 사용해요. 코팅팬은 열전도율이 높아 빠르게 요리해야 할 때 써요. 스크래치가 나지 않게 실리콘이나 나무 조리도구를 사용하고, 자주 교체해줍니다.
무쇠팬은 예열에 시간이 걸리지만 열브존율이 높아 고온으로 조리 시에 주로 써요. 반영구적이라 관리만 잘하면 교체할 필요 없이 오래 쓸 수 있답니다.

냄비

냄비는 스테인리스와 주물을 사용하고, 주물냄비를 더 자주 사용해요. 열이 고르게 분배되어 재료의 맛을 잘 잡아주고, 장시간 조리 시 깊은 맛이 더해져 좋답니다. 간단한 볶음에는 팬보다 주물 미니웍을 많이 사용하는 편이에요.

미니 튀김기

작은 사이즈라 기름을 적게 사용할 수 있고, 온도 조절이 가능하며 튀길 때 기름이 많이 튀지 않아 좋아요.

나무 조리도구

팬에 상처가 나지 않도록 스테인리스보다는 나무로 된 조리도구를 사용해요.

나무 도마

도마는 여러 개를 두고 때에 따라 다르게 사용해요. 소량의 식재료를 간단하게 썰 때는 건조가 빠른 우드페이퍼 압축 도마를 사용하고, 묵직한 육류나 많은 양의 채소를 썰 때는 두꺼운 나무 도마를 사용해요.

추천 제품 모음

제가 평소에 사용하는 제품 및 재료들을 소개합니다. 이 책에 나오는 레시피에도 모두 이 재료들을 사용하였습니다.

현미유(한살림)
국산 쌀겨와 쌀눈에서 추출한 식물성 오일로 NON-GMO 제품이에요. 향이 강하지 않고 발연점이 높아 샐러드부터 튀김까지 두루두루 활용 가능합니다. 이 책 레시피에 나오는 식용유는 모두 현미유를 사용했어요.

생 들기름(한살림)
들기름은 식물성 기름 중 오메가3 비율이 가장 높아요. 공기와 닿는 순간 산패가 진행되기 때문에, 조리가 끝난 후 마지막에 뿌려줍니다. 볶은 들깨보다는 생 들깨를 저온 압착한 제품이 좋아요. 빠르게 소진하는 게 좋아 작은 병으로 사서 매일 소량씩 다양한 방법(샐러드 드레싱, 비빔밥, 한 그릇 밥 등)으로 섭취한답니다.

맛간장(한살림)
감칠맛도 풍부하고 나트륨이 일반 간장의 절반 수준이라 소량만 사용해도 맛있답니다.

굴소스(한살림)
시중에 많이 보이는 굴소스와 달리 굴 농축 함량이 높은 진짜 굴소스예요. 국산 생굴로 만들고, 화학 첨가물이 들어가지 않았답니다. 처음엔 알고 있던 굴소스 향과는 달라 어색할 수 있으나, 감칠맛이 풍부해요.

고추장(기순도)
이 책 레시피에 나오는 고추장은 기순도 제품을 사용했어요. 초등학생 딸이 먹을 수 있는 정도의 맵기이고, 영양 성분이 나와 있어 나트륨 함량을 보며 계량해서 쓰기 편해요.

전혀 안매운 고추장(동이요리)
파프리카 가루로 만든 고추장이에요. 우리집 아이들이 매운맛을 접하기 전에 사용하던 제품이에요. 고춧가루 대신 파프리카 가루를 넣어 맵지 않으면서도 감칠맛이 풍부하고 국산 원료를 사용하여 만든 저염 제품이에요.

순한 된장(한살림)
2년 숙성한 한식 된장에 삶은 콩을 더해 저온 숙성한 된장이에요. 집 된장은 맛이 강한 편이라 잘 안 먹지만, 이 된장은 일반 된장에 비해 향이 부담스럽지 않고 감칠맛이 풍부해 나물무침이나 된장국을 만들기에 좋아요.

저염 된장(얼라맘마)
국산 원료로 만든, 유아부터 먹는 저염 된장이에요. 구수하고 감칠맛이 좋으며 입자가 미소된장처럼 고와 목넘김도 좋답니다.

고춧가루(봉화산채, 한티재농부)
안 매운 국산 고춧가루를 사서 사용하고 있어요. 아이들이 먹기에 좋답니다. 고운 고춧가루와 일반 고춧가루를 사서 요리에 맞춰 활용하고 있어요. 꼼꼼하게 비교하여 인증받은 시설에서 제조한 고춧가루를 사용해요.

마스코바도(한살림)
당밀 분리나 정제를 하지 않은 원당이라 사탕수수의 미네랄이 함유되어 있어요. 사탕수수 고유의 풍미가 음식의 맛을 더욱 살려준답니다. 또한 저염식에서 늘 아쉬웠던 색감도 더해주기 때문에 어느 정도 진한 색이 들어가야 보기 좋은 조림류에 자주 사용해요.

원당(오아시스, 한살림)
전통적 공법으로 생산한 마스코바도와 달리, 원심 분리 공정을 거친 비정제 원당은 마스코바도보다 밝은 색을 띠어요. 특유의 향이 없어 편하게 사용하기 좋아요.

쌀조청(한살림)
조청은 쌀과 엿기름을 이용하여 만들고, 정제 과정을 거치지 않아 영양 성분이 더 많이 함유되어 있어요. 맛과 풍미가 좋고, 음식에 윤기를 더해주어 당류 중에 가장 많이 사용하는 편이에요. 금방 소진해야 하고 병으로 되어 있어 불편함은 있지만, 믿고 쓰는 제품이에요.

첫단추 쌀조청(다온)
조청 소비량이 적고, 조청 특유의 주덕함이 불편하신 분들에게 추천해요. 일반 조청에 비해 묽은 편이라 요리에 사용하기 좋아요.

쌀올리고당(한살림)
국산 유기농 쌀로 만든 NON-GMO 이소말토 올리고당 제품이에요.

레오나르디 모데나산 콘디멘토 화이트 발사믹
일반 발사믹식초보다 산도는 덜하면서 부드럽고 산뜻한 맛이 나요. 올리브오일만 추가하여 샐러드 드레싱으로 활용하기 좋답니다. 해산물이 들어간 샐러드에도 잘 어울려요.

미온(한살림)
맛술이에요. 증류주에 여러 가지 약초와 채소류를 침출시켜 정제한 리큐어로 음식의 풍미를 살려준답니다. 첨가물이 없고 좋은 재료만을 사용하여 만든 맛술이라 추천해요.

현미식초(한살림)
곡물취가 적고 담백한 편이라 생채, 무침 등 여기저기에 활용하기 좋아요.

사과식초(한살림)
국산 사과를 주당과 과당 없이 발효시켜 만든 식초로, 피클류를 만들 때 새콤함을 더해줘 맛이 풍부해져요.

사과농축식초, 감귤농축식초(한살림)
발사믹 글레이즈처럼 점성이 있는 편이에요. 신맛과 단맛이 조화롭고 향도 좋아 생 들기름과 섞어 샐러드 드레싱으로 자주 활용해요. 새콤한 맛이 부담스럽다면 원당을 조금 추가해보세요.

이탈리안 드레싱(메종드율)
우리집 상비품이에요. 샐러드 드레싱으로도 쓰고, 고춧가루를 조금 추가하여 채소 무침에도 활용하곤 해요.

유기농 토마토케첩(한살림)
생식용 국산 유기농 토마토로 만든 제품이에요. 시중 케첩과는 달리 첨가물이 없고, 진하고 건강한 토마토 맛이 매력적이에요. 병에 들어 있어 덜어 먹는 수고로움이 있지만 충분히 감수할 수 있답니다.

명란젓, 새우젓(오마담)
품질 좋은 저염 백명란을 냉장 상태로 구매할 수 있어요. 새우젓도 시중에 파는 제품과는 달리 크기도 맛도 좋아 냉동 보관하며 조금씩 꺼내 쓴답니다.

마요네즈(한살림)
일반적인 마요네즈와는 조금 다른 맛이라 어색할 수 있지만 진하고 부드러우며 담백해요. 첨가물이 없고 유정란이 들어가 유통기한이 짧은 신선한 마요네즈예요.

훈연멸치(한살림)
가다랑어포 대신 사용하는 훈연멸치예요. 쯔유(30쪽)에 사용했어요. 은은한 훈연 향과 풍부한 감칠맛을 가지고 있어 국수나 우동, 어묵탕에 들어가는 육수는 국물용 멸치 대신 훈연멸치를 사용하기도 한답니다.

쌀튀김가루(한살림)
전을 부칠 때 부침가루 대신 쌀가루와 쌀튀김가루를 섞어 부치면 바삭하고 맛있어서 튀김보다는 전을 부칠 때 자주 사용한답니다. 시중에 나와 있는 쌀튀김가루는 첨가물이 들어가 있는 제품들이 많아서 한살림 제품을 애용해요.

앉은키 밀가루(한살림)
토종밀인 앉은키밀(앉은뱅이밀)로 만든 가루예요. 글루텐 함량이 낮아 소화가 잘 되며, 고소하고 부드러워요. 제과용으로 사용하기에도 좋으나 제빵용으로 사용할 경우 강력분을 섞어 사용하는 게 좋아요.

감자전분(한살림)
상시 판매가 아니어서 나올 때 미리 사는 가루예요. 전통 방식으로 감자 원물을 삭혀 물에 우린 후 분말화하는 방식으로 만들어진다고 해요. 여느 감자전분과는 달리 조금 누런색을 띠고 특유의 향이 있어요.

볶은 콩가루, 볶은 귀리가루(한살림)
메주콩과 귀리로만 만들어진 제품이에요. 단맛이 가미되어 있진 않지만 구수한 맛이 일품이에요. 경단을 만들어 고물로 이 가루를 묻혀주면 아이들이 좋아해요. 샐러드 위에 뿌려 먹거나 우유에 타 먹기도 하고, 베이킹 등 다양한 요리에 활용하기 좋아요.

가루멥쌀(햇쌀마루)
앙금절편(320쪽)에 활용했어요. 국산 멥쌀 100%로 첨가물이 없으며, 특수 제조한 습식 쌀가루로 보관도 용이하여 집에서 떡을 만들기에 좋답니다.

말랑말랑 백미 가래떡(한살림)
애호박 떡말이(240쪽)에 사용한 떡이에요. 일반 가래떡보다 더 부드럽고 말랑해요. 구우면 치즈처럼 쭈욱 늘어난답니다. 와플팬에 눌러 먹어도 맛있어요.

감자 옹심이(한살림)
감자 옹심이 청포묵국(266쪽)에서 사용한 옹심이에요. 첨가물 없이 감자와 감자전분으로만 만들어 쫀득하면서도 깔끔한 맛이에요. 여기저기 사리로 넣어 드시기에도 좋답니다.

콩비지(한살림)
100% 콩을 갈아 만든 콩비지예요. 부드러운 질감과 고소하고 담백한 맛이 좋아요. 찌개로 끓여 먹어도 맛있지만 비지전(230쪽)처럼 부침 재료로 써도 맛있어요.

유부(한살림)
NON-GMO 제품이라 애용해요. 첨가물이 들어 있지 않아 맛이 깔끔해요. 끓는 물에 살짝 데쳐 고명으로 쓰거나 유부 주머니 만들기에 좋아요.

쌀식빵(한살림)
첨가물이 들어가 있는 강력쌀가루를 이용하여 쌀식빵을 만드는 곳이 많은데, 이 식빵은 무농약 멥쌀로 만든 쌀가루를 이용해 만든답니다. 구워 먹는 것을 추천해요.

10곡 식빵, 통밀 40 식빵(한살림)
둘 다 비건 식빵이에요. 씹을수록 고소해 매력있어요.

통밀 또띠아(한살림)
통밀의 고소함이 매력적이며, 깔끔한 원재료로 만들어졌어요. 고추잡채(130쪽)에 곁들였어요. 또띠아나 피자 도우로 활용하기 좋으며 에어프라이어에 살짝 구워 칩으로 먹어도 맛있어요.

현미쌀 너비아니(한살림)
채식 원료로 만들어진 너비아니예요. 그냥 굽는 것보다 잘게 잘라 롤 안에 넣어 먹으면 더 맛있답니다. 두부면김말이(242쪽), 훈제오리 호박잎쌈(246쪽), 쌈두부채소말이(248쪽) 등에 활용해보세요.

훈제오리(한살림)
훈제오리 호박잎쌈(246쪽)에 사용했어요. 화학 첨가물 없이 심플한 부재료와 양념류로 만든 깔끔한 맛의 훈제오리입니다.

쌈두부, 두부면(라라스팜, 한살림)
NON-GMO 제품이라 애용해요.

몽글이 순두부(한살림)
아이들 어릴 때부터 여행갈 때마다 꼭 챙겨가는 물품 중 하나예요. 다른 재료를 넣지 않고 그대로 끓여 먹어도 맛있답니다. 단백질도 섭취하고 몽글거리는 식감이 좋으며 담백한 맛이에요. 달래나 간장 양념장을 곁들이면 더 맛있어요.

유기농 꼬마 현미떡(싸리재마을)
비엔나소시지 모양이라 모양도 귀엽고 갈랑말랑해서 소떡소떡(90쪽)에 쓰기 좋답니다. 같은 브랜드의 무염 현미떡도 추천해요.

제주 순 메밀국수(한살림)
제주도 메밀을 사용한 100% 순 메밀국수예요. 다른 원료가 들어가지 않아 메밀 향을 제대로 느낄 수 있답니다. 냉국수, 온국수로 계절에 상관없이 활용도가 높으며, 메밀의 찬 성질이 몸의 열을 내리는 데 도움을 주기 때문에 체질상 열이 많은 우리집 아이들은 종종 먹는답니다.

연근(알찬연근팜)
연근 소비가 많은 저희 집에서 애용하는 곳이에요. 오프라인에서보다 신선한 연근을 살 수 있어요. 연잎이 나오는 시즌에는 생 연잎도 살 수 있고요. 어린 연근이 나올 때는 생으로 섭취해도 달달하답니다. 한번에 많이 사서 손질 후 살짝 데쳐 소분하여 냉동 보관하고 쓰기도 해요.

레시피 보실 때 참고하세요

- 이 책은 간장이나 고추장을 저염으로 따로 만들지 않고, 쉽게 구할 수 있는 장류를 적게 사용하여 맛을 낸 레시피 책이에요. 일반 간장의 양을 반으로 줄이고 멸치육수를 사용하거나, 고추장의 양을 줄이고 고춧가루와 소량의 액젓을 사용하면 나트륨을 줄이고 감칠맛을 낼 수 있답니다. 시판 육수 사용 시 간장이나 액젓 양은 조금 줄여주세요.

- 레시피는 대부분 성인 2인 기준으로 만들었고, 일부 메뉴는 분량을 따로 적었으니 참고해서 양을 조절하주세요.

- 계량은 계량스푼으로 하여 1t는 5ml, 1T는 15ml에 해당합니다. 장류나 가루류는 스푼에 담은 뒤 평평하게 깎아 계량해주세요.

- 재료 관련해서는, ( )로 대체 가능한 재료를 표기하거나 재료란 바로 아래에 참고 사항을 적어두었어요.

- 미니 절구나 깨갈이를 이용해 깨를 갈아 바로 사용하면 기름류를 더하지 않아도 재료의 맛과 향을 그대로 살리면서 고소한 맛을 충분히 낼 수 있어요. 신맛과 단맛은 개인차가 있으므로 유연하게 가감해주세요.

- 저염 간이지만 맛있게 즐길 수 있도록 다양한 요령을 총동원하여 풍부한 맛을 내려 노력했으니 팁까지 꼼꼼히 읽어주시면 좋아요. 책에 담긴 레시피를 응용하여 더 다양한 요리로 확장하며 즐겨보시길 바랍니다.

육수

이 책에 수록된 메뉴들에 사용되는 육수와 쯔유 레시피예요. 그대로 따라하시면 저염식 간을 맞추기가 보다 수월하실 거예요.

멸치 육수

풍부한 감칠맛을 내주는 멸치육수는 국물요리부터 한식에 다양하게 쓰이고 있어요. 특히 저염식에서 더욱 빛을 발휘하지요. 활용만 잘 하면 저염이지만 깊은 맛을 끌어낼 수 있어요. 여기에 대파, 양파, 표고버섯 등을 추가하면 만능 육수가 된답니다. 한번에 많은 양을 만들어 소분, 냉동 보관해두고 쓰면 편리합니다.

재료

- 국물용 멸치 20마리
- 다시마 3x7cm 5장
- 물 1.5L

만드는 법

1. 멸치는 내장을 제거하고 마른 팬에 살짝 볶는다. (비린내 제거)
2. 다시마는 마른 천으로 겉면을 닦는다.
3. 냄비에 물 1.5L와 다시마를 넣고 30분 정도 우려낸 뒤, 가열한다.
4. 냄비의 물이 끓어오르면 멸치를 넣고 다시마는 1~2분 뒤에 건져낸 뒤, 중불에서 20분간 끓인다.
5. 국물만 소독한 병에 담는다.

TIP

- 멸치육수는 냉장 3일 보관, 소분하여 냉동 보관하면 2~3개월 사용할 수 있어요.
- 병에 담을 때 면보에 한 번 걸러주면 육수가 더 깔끔해져요.
- 다시마를 넣고 오래 끓이면 진액이 나와 끈적일 수 있으니 빨리 건져내는 것이 좋아요.
- 무, 파, 버섯, 황태 머리 등을 추가하면 육수가 더욱 진해져요.

맛있게, 저염식

다시마 육수

빠르고 간단하게 우려낼 수 있어 편리함과 동시에 조금 부족한 감칠맛을 채워주는 육수예요. 다시마육수를 썼을 때 처음에는 큰 차이를 느끼지 못하지만 쓰다 보면 맹물과는 다름을 느끼게 되더라고요.

다시마에 붙어 있는 하얀 가루는 단맛과 감칠맛을 내는 만니톨이라는 성분이니 씻지말고 마른행주로 가볍게 닦아서 사용해주세요. 솥밥이나 달걀찜, 나물, 조림, 전, 죽, 맑은 국물류 등 다양한 요리에 활용해보세요.

재료

- 다시마 5x5cm 10장(10g)
- 물 1.5L

만드는 법

1 다시마는 마른 천으로 겉면을 닦는다.
2 냄비에 물을 넣고 가열한 뒤, 끓어오르기 시작하면 불을 끈다.
3 다시마를 넣고 1~2시간 우려준다.
4 다시마는 건져내고 육수만 소독한 병에 담는다.

TIP

- 다시마는 너무 오래 우려내거나 고열에서 오래 끓이면 쓴맛이나 비린내가 날 수 있어요.

맛있게 저염식

쯔유

일반 맛간장과는 달리 훈연 향이 더해져 우동이나 메밀국수, 덮밥, 샤브샤브 등 다양하게 활용할 수 있어요. 요즘에는 훈연멸치도 쉽게 구할 수 있어 가다랑어포 대용으로 넣어도 훌륭하답니다.
보존제를 넣지 않고 저염으로 만든 쯔유는 소독한 병에 담아, 냉장 보관하고 가급적 빨리 드시는 게 좋아요. 요리에 사용할 때는 물에 희석해서 사용합니다.

재료 A

- 훈연멸치 15~20마리
- 다시마 15g
- 양파 50g
- 대파 1대
- 무 150g
- 물 1L

*훈연멸치는 대가리와 똥을 제거하여 사용합니다.

재료 B

- 양조간장(진간장) 150ml
- 맛술 50ml
- 원당 50g

만드는 법

1 손질한 훈연멸치와 대파, 양파는 마른 팬에 약불로 구워준다.

2 냄비에 멸치를 제외한 나머지 재료 A를 모두 넣고 강불로 끓인다.

3 물이 끓으면 멸치를 넣는다.

4 물이 팔팔 끓으면 다시마는 건져내고 중불로 낮춰 40분 정도 끓인다.

5 건더기를 건져내고 재료 B를 넣고 10분간 끓인다.

6 불을 끄고 식힌다.

7 면보에 한 번 거른 뒤 소독한 병에 넣는다.

TIP

- 마른 표고버섯을 추가해도 좋아요.
- 단맛이 강한 편은 아니나, 단맛 조절을 직접 하고 싶다면 원당을 빼고 조리한 뒤 먹을 때마다 추가해주세요.

맛있게, 저염식

찜

가장 건강한 요리법이라고 할 수 있는 찜. 재료의 맛과 영양을 잘 살린 찜 요리들로 맛은 담백하고 속은 편안한 소사를 준비해보세요.

곰취 만두

평소에 밀가루 만두피보다는 다양한 재료를 이용하여 만두를 만들어줘요. 어느 날 곰취 쌈밥을 잘 먹는 아이들이 생각나 곰취로 만두를 만들었더니 담백하면서도 곰취 향이 입안에 가득해서 정말 별미더라구요. 곰취가 나오는 계절에는 꼭 곰취만두를 만들어 즐긴답니다.

재료

- 곰취 16장(80g)
- 양파 20~30g
- 소고기 다짐육 50~70g
- 두부 200g
- 간장 1t(생략 가능)

만드는 법

1 곰취는 끓는 물에 10초 정도 데친다.

2 양파는 잘게 다진다.

3 예열한 팬에 소고기와 양파를 넣고 물기가 생기지 않도록 강불로 볶은 다음 식힌다.

4 두부는 끓는 물에 30초 정도 데친 후, 면보에 넣고 물기를 짠다.

5 볼에 3과 4, 간장을 모두 넣고 10~15g씩 동그랗게 빚어 만두소를 만든다.

6 곰취를 펼쳐 만두소를 넣고 감싸준다.

7 찜기에 열기가 오르면 만두를 넣고 5분 정도 찐다.

1

5

6

7

TIP

- 4번 과정에서 물기가 많이 생기면 손으로 살짝 짜주세요.
- 만두소에 곰취를 다져 섞어 넣어도 맛있어요.
- 만두소 재료는 심플해야 곰취의 향을 제대로 느낄 수 있어요.

맛있게, 저염식

035

무쌈 만두

만두피 대신 쌈무 안에 만두소를 넣어 살짝 익혀주는 만두예요. 쌈무의 새콤달콤함과 만두소의 담백함이 어우러져 초간장이 따로 필요 없답니다.

재료

- 무염 쌈무 10장
- 만두소 100g

* 무염 쌈무는 290쪽 레시피를 참조해주세요. 일반 쌈무를 사용해도 됩니다.
* 만두소는 38쪽 굴림만두 레시피를 참조해주세요.

만드는 법

1 쌈무 크기 1/3 정도의 만두소를 쌈무 위에 올려준 뒤, 반으로 접는다.

2 예열한 팬에 식용유를 두르고, 약불에서 만두를 1분 정도 굽다가 물을 조금 붓고 뚜껑을 닫아 4분 정도 익혀준다.

3 다 익힌 만두의 끝부분을 손으로 눌러가며 모양을 잡아준다.

1
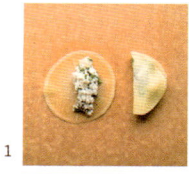

2

3

TIP

- 만두소의 고기는 미리 볶은 뒤 다른 재료와 섞어주세요.
- 만두소에 전분가루를 0.5T 정도 넣으면 만두소와 쌈무가 잘 붙어요.
- 팬에 넣을 때에는 사진과 같이 촘촘하게 줄 세워 만두를 넣고 익히면 퍼지지 않아요.

맛있게, 저염식

037

굴림 만두

밀가루와 나트륨 제한을 적극적으로 했던 때가 있었어요. 그때 만두를 먹고 싶어 하는 아이를 위해 만들기 시작했어요. 전분가루에 굴려 쫀득한 식감이 재미있어 만두를 나트륨 부담 없이 즐길 수 있더라고요.

만두소 재료

- 소고기 다짐육 70~100g
- 당면 10~15g
- 다진 양파 20g
- 두부 한 모
- 다진 파 10g

* 소고기는 돼지고기로 대체해도 돼요.

만두피 재료

- 달걀 흰자 1~2개
- 전분가루 약간

만드는 법

1. 두부는 면보에 넣어 물기를 꽉 짠다.
2. 다짐육과 양파는 각각 강불에 볶아 식혀둔다.
3. 물에 불린 당면은 잘게 썬다.
4. 볼에 달걀 흰자와 전분가루를 제외한 나머지 재료를 넣고 치댄다. 반죽에 수분이 많으면 전분가루를 1~2T 추가해준다.
5. 한입 크기로 동글동글하게 빚는다.
6. 전분가루에 한 번 굴려준 뒤, 가루가 흡수될 때까지 사진과 같이 잠시 젖은 면보 위에 올려둔다.
7. 달걀 흰자에 한 번 굴리고 전분가루에 다시 한 번 굴려준다.
8. 가루가 흡수되는 동안 찜기에 면보를 깔고 물을 끓인다.
9. 김이 오르면 만두를 넣고 찐다. (크기에 따라 7~10분)
10. 한 김 식힌 다음 만두를 떼어낸다.

맛있게, 자연식

TIP

- 재료의 수분을 최대한 빼고 잘 치대줘야 쪘을 때 퍼지지 않아요.
- 과정 7에서 흰자는 생략하고 전분가루에만 한 번 더 굴려도 좋아요.
- 빚은 만두는 젖은 면보 위에 올려둬야 바닥에 들러붙지 않아요.
- 당면과 채소는 취향에 따라 바꾸거나 생략해도 좋아요.
- 찐 상태의 만두를 냉동 보관했다가 국에 넣거나 에어프라이어에 살짝 데워 먹어도 맛있어요.

쌈두부 배추찜

어느 날 배추찜을 해 먹으려고 재료를 준비하다가 애매하게 남은 쌈두부가 있어 넣어봤어요. 쌈두부만의 쫀득한 식감이 부드러운 배추찜과 너무나 잘 어울리더라고요. 그 뒤로는 배추찜을 먹을 땐 무조건 쌈두부를 준비한답니다. 흔한 배추찜에 쌈두부 하나만 추가해보세요. 이 메뉴는 밀푀유나베로 하기에도 좋아요. 버섯이나 청경채 등 채소를 추가하고, 양념장은 따로 곁들여 드세요.

재료

- 알배기배추 8~10장
- 소고기(불고기용) 200g
- 깻잎 10장
- 쌈두부 100g

양념장 재료

- 원당 2t
- 파프리카 1/3개
- 간장 1t
- 참기름 2t
- 깨, 다진 파 약간
- 물 0.5T
- 식초 2t~1T

만드는 법

1. 배추와 깻잎은 깨끗하게 세척 후 물기를 털어주고, 고기는 키친타월로 핏기를 제거한다.
2. 배추 - 깻잎 - 쌈두부 - 고기 순으로 켜켜이 쌓는다.
3. 찜기에 넣을 그릇에 맞는 높이로 3~4등분으로 잘라준다.
4. 그릇에 담고 뚜껑이나 면보를 덮은 후 찜기에 넣고 15분간 찐다.
5. 양념장 재료를 미리 섞어둔다.
6. 찐 배추찜 위에 양념장을 골고루 뿌려준다.

TIP

- 찜기에 찌지 않고 밀푀유나베 형태로 먹어도 맛있어요.
- 식초의 양은 입맛에 맞게 가감해주세요.

맛있게, 저염식

가지찜

한 번 쪄서 부드러운 가지에 새콤달콤한 양념장이 어우러져 입맛을 돋우는 메뉴예요. 양념장을 미리 냉장고에 넣어두면 다진 파프리카에 간이 배어 더 맛있답니다.

재료

- 가지 2개

양념장 재료

- 간장 1t
- 올리고당 1t
- 잘게 다진 파프리카 2T
- 식초 2t
- 들기름 1T
- 고춧가루 1t(생략 가능)

만드는 법

1 가지는 5cm 간격으로 자른 뒤, + 모양으로 칼집을 낸다.
2 찜기에 물이 끓어오르면 가지를 넣고 5분간 찐다.
3 양념장은 미리 만들어 냉장고에 넣어 차게 해둔다.
4 찐 가지 위에 양념장을 끼얹어 먹는다.

2

4

TIP

- 양념장을 끼얹을 때 사진과 같이 가지에 낸 + 모양의 칼집을 손으로 살짝 벌려 넣어주면 골고루 스며들어 맛있어요.
- 찜기 대신 전자레인지용 찜기 용기에 넣고 3분 돌려도 좋아요.

맛있게, 저염식

043

애호박찜

강인한 생명력으로 더위를 이기는 대표적인 채소 애호박. 천연보약이라는 별명을 가지고 있어요. 저칼로리라 부담 없고, 이렇게 찜으로 먹으면 애호박 하나 금방 먹게 되는 메뉴예요.
우리 아이들도 둘이 애호박 하나 뚝딱 먹게 되는 효자 메뉴지요.

재료
- 애호박 1개(260g)

양념장 재료
- 간장 2t
- 매실액 1T
- 다진 마늘 0.5t
- 들기름 1T
- 육수(물) 1T
- 식초 2t

만드는 법
1. 애호박은 길게 반으로 자른 뒤, 3~5mm 두께로 썬다.
2. 찜기의 물이 끓으면 애호박을 넣고 3분간 찐다.
3. 애호박을 찌는 동안 양념장을 만든다.
4. 찐 애호박을 그릇에 담고, 양념장을 올려준다.

TIP

- 깻잎을 5장 정도 채 썰어 함께 먹으면 더욱 맛있어요.
- 취향에 따라 식초의 양은 가감해주세요.

맛있게, 저염식

045

연근 찹쌀찜

사찰음식 중 하나인 연근 찹쌀찜은 연근 특유의 단맛과 아삭하면서도 쫀득한 식감이 찰진 밥알과 잘 어우러져 먹을수록 매력적인 맛이에요. 우리집 아이들은 연근떡이라고 부른답니다. 저는 비트를 사용해서 찹쌀을 핑크색으로 물들여서 만들곤 해요.

재료

- 연근 300g
- 찹쌀 100g

초간장 재료

- 간장 1t
- 식초 0.5t
- 깨 약간
- 물 1t
- 원당 0.5t

만드는 법

1. 껍질을 벗긴 연근은 7cm 길이로 토막낸다.
2. 볼에 물과 식초 1T를 넣고, 썰어둔 연근을 10분 정도 담가둔다.
3. 찹쌀은 물에 2시간 정도 불린다. (멥쌀을 사용할 경우 30분)
4. 젓가락을 이용해서 꾹꾹 눌러가며 연근 구멍에 찹쌀을 넣고, 찜기에 30분간 찐다.
5. 한 김 식힌 연근은 1cm 두께로 썰어준 뒤 초간장을 곁들여 먹는다.

TIP

- 찹쌀을 불릴 때 비트를 갈아 넣거나, 치자가루를 넣어주면 색이 예뻐요.
- 팬에 불린 쌀과 물 소량을 넣고 볶아준 뒤 구멍에 채워 넣으면 찜기에 찌는 시간을 10~15분으로 단축할 수 있어요.
- 찹쌀 대신 홍국쌀을 사용해도 좋아요.
- 찌고 난 뒤 냉동해두었다 살짝 찌거나, 팬에 구워 먹어도 괜찮아요.

맛있게, 저염식

통연근찜

어릴 때부터 친정어머니가 자주 해주셨던 메뉴예요. 레시피는 정말 간단하지만, 연근이 가지고 있는 단맛이 더 풍부해진답니다. 찐 감자 같은 부드러운 식감으로 부담 없이 즐기실 수 있어요.

재료
- 연근 300g

만드는 법
1 연근은 깨끗하게 세척 후, 식초 1T를 푼 물에 10분간 담근다.
2 10cm 정도 길이로 잘라 김이 오른 찜기에 세워서 넣고 40분~1시간 정도 찐다.

1

2

tip

TIP

- 초간장을 만들어 곁들여 먹어도 좋아요.
- 연근은 쏨땀 칼로 껍질을 벗겨주면 모양이 예쁘답니다.
- 연근을 쪄서 자르면 사진과 같이 실처럼 생긴 끈끈한 뮤신 성분(위 점막을 보호해주고 장의 면역도 높여주는 성분)을 많이 볼 수 있어요.
- 오래 찔수록 연근이 부드러워져요. 취향에 맞춰 찌는 시간을 가감해주세요. (40분 : 조금 아삭한 식감 / 1시간 : 감자처럼 부드러운 식감)
- 연근을 찔 때 구멍이 위로 향하게 세워서 쪄야 골고루 잘 익어요.

맛있게, 저녁식

부드러운 달걀찜

한국식 달걀찜과는 다른 일본식 느낌의 달걀찜이에요. 일식집에서 에피타이저로 흔히 내어주는 메뉴죠. 탱글탱글하면서 부드러운 푸딩 느낌이라 아이들도 좋아한답니다.

재료

- 달걀 2개
- 맛술 1T

다시마육수 재료

- 다시마 3x4cm 1장
- 물 160ml

*미리 만들어둔 다시마육수(28쪽)가 있다면 활용하고 과정 1은 생략합니다.

만드는 법

1. 40도 정도의 미온수에 다시마를 넣고 30분 정도 우려낸다.
2. 알끈을 제거한 달걀, 육수, 맛술을 볼에 넣고 잘 섞은 뒤, 체에 한 번 걸러준다.
3. 달걀은 그릇에 담고 뚜껑이나 면보를 덮어 찜기에 올려준다.
4. 중강불에서 끓이기 시작해 물이 끓어오르면 약불로 낮춰 20~25분간 쪄준다.
5. 고명을 올리려면 불 끄기 5분 전에 살짝 올려준다.

1

2

TIP

- 표면이 매끈한 달걀찜을 원하면 과정 3에서 그릇에 담은 뒤 기포를 숟가락으로 걷어주세요.
- 찜기의 크기에 따라 가열 시간을 조절해주세요.
- 간을 하지 않은 달걀찜이라 맛이 심심하면, 맛간장이나 쯔유를 곁들여줍니다. 처음부터 넣는 것보다 먹을 때 조금씩 곁들여주는 게 좋아요.

맛있게, 저염식

051

연잎 수육

요즘은 인터넷으로 연잎을 쉽게 구입할 수 있어요. 1~2장씩 소분했다가 수육할 때 활용해보세요. 연잎은 연육 작용을 도와주고, 고기의 잡내 제거에 탁월해요. 또한 고기에 연잎 향이 은은하게 스며들어 정말 맛있답니다.

재료

- 소고기 사태 400~600g
- 맛술 1T
- 연잎 1장

* 고기는 수육용 돼지고기로 대체할 수 있어요.

만드는 법

1 소고기는 키친타월로 핏기를 닦는다.

2 연잎은 흐르는 물에 가볍게 씻고 물기를 닦는다.

3 연잎 위에 소고기를 올려 맛술을 골고루 뿌린다.

4 소고기를 연잎에 감싼 뒤 이쑤시개로 고정하고, 이쑤시개나 포크로 앞뒤에 구멍을 뚫어준다.

5 찜기에 물이 끓어오르면 수육을 넣고 50분~1시간 찐다. 중간에 한 번 뒤집어준다.

3

4

4

4

(TIP)

- 미리 조리하는 경우, 연잎에 싸두었다 먹기 전에 데워질 정도로만 살짝 쪄서 드세요.

맛있게, 자염식

053

간장 찜닭

집에서 찜닭을 만들 때 짜장가루를 추가하면 색감도 감칠맛도 풍부해져요. 짜장의 향이 강하지 않아 부담스럽지 않으면서도 일반 간장 찜닭과는 다른 매력이 있답니다.

재료

- 볶음용 닭 1kg
- 손질한 전복 4개
- 대파 1대
- 양파 1/2개
- 고구마 1개
- 감자 1개
- 당근 1/3개
- 연근 50g
- 청주 1T
- 멸치육수 500ml

* 전체 채소 무게가 300g이 되도록 맞춰주세요.

조림장 재료

- 짜장가루 1T
- 간장 2T
- 마스코바도 1.5T
- 맛술 1T
- 올리고당 1.5T
- 다진 마늘 0.5T
- 생강가루 0.5t
- 후춧가루 약간

선택 재료

- 당면 50g
- 조랭이떡 10개
- 청·홍고추 각 1개

만드는 법

1 채소는 먹기 좋은 크기로 자르고, 파와 양파는 송송 썰어준다. 당면은 찬물에 30분간 불려둔다.

2 끓는 물에 손질한 닭과 청주 1T를 넣고 3~4분간 삶아준 뒤, 찬물에 헹궈 물기를 뺀다. (잡내, 불순물 제거)

3 냄비에 닭과 육수, 조림장 재료, 고구마, 감자, 당근을 넣고 뚜껑을 닫은 채 강불에서 5분, 중불에서 7~8분 정도 끓인다. 이때 떠오르는 거품은 제거해준다.

4 나머지 재료(전복, 연근, 양파, 파)를 넣고 5분 정도 끓인 뒤, 불려둔 당면과 떡을 넣고 익을 때까지 끓여준다.

TIP

- 조금 칼칼하게 즐기고 싶다면 청·홍고추를 미리 어슷썰기 해두었다가 과정 4에서 당면을 넣을 때 같이 넣어 조리하면 맛있어요.

맛있게, 저염식

소갈비찜

아이의 건강 문제로 식단 관리를 하기 시작하고 3개월 차에 아이 생일이 있었어요. 갈비찜을 먹고 싶다는 아이를 위해 짠맛이 덜 나면서도 맛있게 하는 방법을 고민했어요. 그러다 육수를 사용해 저염이지만 깊은 맛이 나는 갈비찜을 만들게 되었지요. 먹어보니 입맛에 딱 맞아, 매년 가족 생일에는 이 방법으로 갈비찜을 만들어 모두가 맛있게 먹고 있어요.

재료 (3~4인분)

- 찜용 갈비 1.5kg
- 무 250g
- 멸치육수 600ml
- 버섯 100g
- 감자 200g
- 청주 2T
- 당근 100g
- 대파 1/2대
- 월계수 잎 약간

양념 재료

- 양파 1개(200g)
- 마스코바도 3T
- 생강가루 0.5t
- 사과 1/2개
- 맛술 3T
- 간장 3.5T
- 마늘 20g
- 후춧가루 약간
- 물 100ml
- 다진 파 2T

만드는 법

1. 찜용 갈비는 찬물을 2~3번 갈아주며 핏물을 뺀다. (30분~1시간)

2. 끓는 물에 월계수 잎, 청주 2T를 넣고 고기를 5분간 삶은 뒤, 고기를 찬물에 헹구고 물기를 제거한다.

3. 양념 재료 중 양파, 사과, 마늘을 믹서에 갈아 나머지 양념 재료와 잘 섞은 뒤, 고기에 버무려 1시간 이상 숙성시킨다.

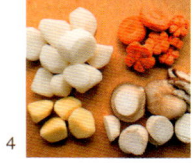

4. 무, 당근, 감자, 대파를 적당한 크기로 썬다. 모서리를 둥글게 깎아주면 익은 뒤에도 뭉개지지 않는다.

5. 냄비에 고기와 육수를 넣고 강불에서 10분, 중불에서 40분, 중약불에서 30~40분간 익혀준다. 채소 재료는 중약불에서 무를 먼저 넣고 무가 어느 정도 투명해지면 당근, 감자, 버섯, 파를 넣어준다. (강불에서는 뚜껑을 열고 끓이고, 떠오르는 거품은 제거한다.)

맛있게, 저염식

TIP

- 양념장을 만들 때 양파와 사과를 갈아 면보에 넣고 즙만 짜내어 사용하면 깔끔한 갈비찜이 되어요.
- 과정 5에서 처음에 거품을 걷어주면 더 깔끔한 갈비찜이 되어요.
- 양파나 사과를 갈아 넣는 것이 번거로우면 즙을 이용해도 괜찮아요.

조림

조림 반찬이라고 하면 간장 간이 잘 밴 짭짤한 반찬들이 떠오르곤 하죠. 이 책에서는 저염식의 틀 안에서 짜지 않고 재료의 맛을 잘 살려내는 조림 요리들을 소개해드릴게요.

소고기 장조림

지방이 적고 담백한 소고기와 쫄깃한 버섯의 조화가 훌륭한 메뉴예요. 멸치육수를 넣어 짜지 않으면서도 감칠맛이 풍부합니다. 버터를 넣고 장조림 버터 비빔밥으로 활용해도 맛있답니다. 소고기 부위는 사태나 홍두깨를 사용하고, 더 부드럽고 연한 식감을 좋아하면 양지를 사용하여 만들어주세요.

재료

- 소고기 500g
- 대파 1대
- 통마늘 10개
- 새송이버섯 2개
- 꽈리고추 5~10개
- 청주 2T
- 양파 1/2개

조림장 재료

- 간장 2.5T
- 맛술 1.5T
- 멸치육수 300ml
- 마스코바도 2T

*육수는 고기를 삶은 물과 멸치육수를 반씩 합쳐서 총 600ml를 사용해요.

만드는 법

1 끓는 물에 소고기와 청주 1T를 넣고 5분 동안 삶은 다음, 찬물에 헹군다. 불순물과 냄새 제거를 위해 첫 물은 버린다.

2 물 1L를 냄비에 넣고 물이 끓으면, 삶아놓은 소고기와 청주 1T, 양파, 대파를 넣어 50분간 중약불로 삶는다.

3 삶은 고기는 그대로 두었다 어느 정도 식으면 꺼내 결대로 찢어준다. 고기 삶은 물은 버리지 않고 과정 5에서 사용한다.

4 꽈리고추는 꼭지를 떼어내고, 버섯은 적당한 크기로 썬다.

5 조림장 재료와 고기 삶은 물 300ml를 빈 냄비에 넣고 끓으면, 소고기와 통마늘, 버섯을 넣고 중불로 낮춰 20~25분간 조린다.

6 꽈리고추는 불을 끄기 5분 전에 넣어준다.

7 국물이 원하는 정도로 남으면 불을 끈다.

맛있게. 저염식

TIP

- 멸치육수가 준비되어 있지 않다면 조림장 재료의 멸치육수는 빼고, 과정 5에서 고기 삶은 물 600ml에 손질한 국물용 멸치 5~7마리 정도를 넣고 함께 끓이다가 15분 뒤 멸치만 건져내고 조리하세요.
- 과정 2에서 고기가 물에 푹 잠길 정도여야 해요. 냄비 사이즈에 따라 물을 더 추가해주세요.
- 장조림이라 국물은 조금 염도가 높은 편이니 가급적 건더기만 드세요.
- 버섯 대신 메추리알을 넣어도 좋아요.

고기 감자조림

다른 반찬 필요 없이 이 메뉴 하나만 있으면 밥 한 그릇 뚝딱이지요. 불고기 전골에 감자를 넣은 듯한 느낌이랍니다.
고소한 조림 반찬으로 든든한 한끼 하세요!

재료

- 소고기(불고기용) 150g
- 감자 2개
- 당근 1/3개
- 양파 1/2개
- 꽈리고추 5~6개
- 멸치육수 300~350ml

조림장 재료

- 맛술 1T
- 간장 1T
- 원당 2t

만드는 법

1. 마구썰기한 감자를 찬물에 10분간 담가 전분을 제거한다.
2. 당근은 2등분한 뒤 1cm 두께로 썰고, 양파는 깍둑썰기한다.
3. 냄비에 식용유를 두르고 강불에서 고기를 볶다가 불의 세기를 조금 낮추고, 꽈리고추를 제외한 나머지 채소를 넣은 뒤 2분 정도 볶는다.
4. 재료가 자작하게 잠길 정도로 육수와 조림장을 넣고 강불로 5분, 중불로 낮춰 5분간 끓이며 떠오르는 거품은 제거해준다.
5. 육수가 1/3~1/4 정도 남으면 꽈리고추를 넣고 2~3분간 더 끓인다.

2

4

5

(TIP)

- 꽈리고추 대신 아스파라거스나 그린빈을 넣어줘도 좋아요.
- 거품을 걷어내야 잡내가 없고 깔끔한 맛이 나요.
- 소불고기 대신 덩어리 고기를 깍두기 크기로 잘라 넣어도 좋아요.
- 참기름이나 들기름을 조금 넣고 밥에 비벼 먹으면 별미예요.

맛있게, 저염식

단호박 조림

늘 쉬운 듯 쉽지 않았던 단호박조림! 마지막엔 늘 뭉개져버리는 것이 속상했는데, 에어프라이어에 한번 굽고 조려보니 맛도 풍부해지고 모양도 예쁘게 유지되어 그날 이후 쭉 이 방법으로 단호박조림을 만들고 있어요. 단호박은 비타민 C, E가 풍부하여 면역력 강화에 도움을 주며, 열량이 낮고 식이섬유가 많아 다이어트 식품으로도 인기 만점인 식재료예요.

재료

- 미니 단호박 1개
- 호두 반 줌
- 멸치육수(물) 3T
- 원당 1T
- 간장 1t
- 올리고당 1~2t

만드는 법

1 단호박의 씨를 빼고 한입 크기로 자른다.

2 자른 단호박은 에어프라이어에 넣고 180도로 5분 정도 익힌다.

3 예열한 팬에 육수, 원당, 간장을 잘 섞어 붓고, 단호박을 넣어 뚜껑을 닫고 중불로 끓인다.

4 바글바글 끓어오르면 약불로 줄여 8~10분 정도 조린다. 중간에 물이 없어지면 물 1T를 추가한다.

5 젓가락으로 찔러보고 호박이 다 익었으면, 뚜껑을 열어 호두와 올리고당을 넣는다.

6 수분기가 완전히 없어질 때까지 살살 버무리듯 졸인다.

2

3

5

TIP

- 팬에 단호박을 넣을 때 껍질 부분이 바닥으로 향하게 넣어야 잘 뭉개지지 않아요.
- 올리고당은 단호박의 당도에 따라 가감하여 넣어주세요.

맛있게 저염식

065

닭고기 두부완자

담백하면서도 식물성·동물성 단백질을 골고루 섭취할 수 있는 메뉴예요. 꼬치에 끼워주면 색다르게 즐길 수도 있지요.

재료

- 닭안심(가슴살) 350g
- 두부 200g
- 부추 20g
- 달걀 1개
- 전분가루 2~2.5T
- 맛술 2t
- 생강가루 0.5t
- 다진 마늘 1t

조림장 재료

- 육수(물) 2T
- 조청 1T
- 간장 1T

만드는 법

1. 닭안심은 칼로 힘줄을 제거한 뒤, 깨끗하게 씻어 키친타월로 물기를 제거하고 곱게 갈아준다.
2. 두부는 면보에 넣어 물기를 짜고 부추는 잘게 썬다.
3. 닭안심과 두부, 나머지 재료를 모두 볼에 넣어 잘 치대준다.
4. 기름을 넉넉하게 두른 팬에 반죽을 엄지손가락 한 마디 정도의 크기(10~20g)로 떼어 튀기듯 굽는다.
5. 프라이팬에 조림장을 넣고 약불에서 바글바글 끓어오르면 만들어둔 완자를 넣고 윤기나게 조린다.

1

2

4

5

TIP

- 과정 3에서 반죽이 너무 질게 되면 전분가루나 쌀가루 혹은 밀가루를 더 추가해주세요.
- 과정 5를 생략하고 간장 양념장이나 케첩 등에 찍어 먹어도 맛있어요.
- 둥글넓적하게 빚어 전으로 구워도 좋아요.

맛있게, 저염식

새송이 버섯조림

새송이버섯을 유난히 좋아하는 둘째 아이가 좋아하는 메뉴 중 하나예요. 쫄깃한 식감이 매력적이지요. 칼로리가 낮지만 식이섬유가 풍부하여 포만감을 주기 때문에 다이어트에도 좋아요. 단백질도 풍부한 식재료죠.

재료
- 새송이버섯 2개
- 잣 약간
- 들기름 1t

조림장 재료
- 간장 1t
- 육수(또는 물) 1T
- 조청 1T

만드는 법

1 새송이버섯은 적당한 크기로 자른 뒤 칼집을 내고, 잣은 빻아둔다.

2 예열한 마른 팬에 버섯을 넣고 노릇해질 때까지 약불로 앞뒷면을 구워준다.

3 버섯이 노릇노릇 구워지면 조림장을 넣어 천천히 조린다.

4 조림장이 다 스며들면 불을 끄고 접시에 담아 들기름과 잣가루를 뿌려준다.

(TIP)

- 과정 2에서 식용유를 두르지 말고 구워주세요.
- 간장 대신 고추장을 사용해도 맛있어요.
- 잣 대신 깨나 땅콩 분태를 넣어도 좋아요.

맛있게, 저염식

069

알감자 조림

시댁에서 매년 알감자를 많이 주세요. 감자를 즐겨 먹지 않는 아이들이라 고민하다가 조림으로 만들어주었더니 너무 잘 먹더라고요. 마지막에 조청을 넣어 윤기도 나면서 더 쫀득한 식감이라 인기 만점 메뉴예요. 감자 껍질에 암세포 증식을 억제하는 효능이 있으니 깨끗하게 씻어 껍질째 만들어 드셔보세요.

재료

- 알감자 400g
- 들기름(참기름) 0.5T
- 식용유 0.5T
- 조청 2t

조림장 재료

- 간장 1T
- 맛술 1T
- 육수 70ml
- 원당 2t

만드는 법

1. 껍질째 솔로 깨끗하게 씻은 알감자를 냄비에 넣고 감자가 잠길 정도의 물을 부어 8~10분 정도 삶는다. 강불에서 시작하여 끓어오르면 중불로 낮추고, 이쑤시개로 찔렀을 때 80% 정도 익을 때까지 삶아준다.
2. 삶은 감자는 체에 밭쳐 물기를 뺀다.
3. 예열한 팬에 식용유를 두르고, 중약불에서 타지 않게 3~4분 정도 코팅하듯 볶는다.
4. 조림장을 팬에 붓고 중약불로 5분 정도 중간중간 저어주면서 끓이다가 조림장이 거의 다 졸아들면 조청을 넣어 감자를 굴려가며 조린다.
5. 불을 끄고 들기름 혹은 참기름을 넣어 버무려준다.

맛있게, 저염식

(TIP)

- 냉장고에 넣지 않고 그날 다 먹는 게 가장 맛있어요.
- 감자를 씻을 때 껍질이 벗겨지지 않도록 솔로 살살 씻어주세요.
- 과정 4~5에서 조림장을 100% 졸인 상태에서 불을 끄면 타버릴 수 있으니 90~95% 졸았을 때 불을 꺼주세요.

연근 조림

연근 반찬 중 가장 대중적인 연근조림은 연근 그 자체의 맛보다는 단짠 조합이 좋아 즐겨 드시는 분들이 많지요. 흔히 먹는 연근조림보다 저염으로 만들기 위해 간장의 양을 줄이는 대신 멸치육수와 마스코바도를 넣어 감칠맛과 색감을 놓치지 않았답니다.

재료

- 연근 300g
- 조청 0.5T

조림장 재료

- 간장 2T
- 마스코바도 1.5T
- 멸치육수 200ml
- 맛술 1.5T
- 조청 1T

* 조청은 올리고당으로, 마스코바도는 원당으로 대체할 수 있어요.

만드는 법

1. 연근은 5mm 두께로 썰어 끓는 물에 식초 1T를 넣고 3분간 데쳐 찬물에 헹군다.

2. 팬에 연근과 조림장 재료를 넣고 강불에서 조리다가 물이 끓어오르면 중불로 낮추고, 뚜껑을 닫아 20~25분 정도 조린다.

3. 조림장이 80% 정도 줄어들면 조청 0.5T를 넣고, 강불로 바꿔 눌어붙지 않게 빠르게 볶아주며 수분을 완전히 날려준다. (약 3~4분)

TIP

- 과정 2에서 연근에 양념이 골고루 스며들도록 중간중간 뒤적여주세요.
- 시중에 나와 있는 육수를 사용할 경우, 집에서 만드는 육수보다는 염도가 높은 편이니 간장을 약간 줄여주세요.
- 마지막에 조청을 넣어주면 윤기가 나고 쫀득해져요.

맛있게 저염식

073

연근 무조림

무조림을 만드려다 애매하게 남은 연근을 넣었더니 너무 맛있더라고요! 연근은 푹 익히면 감자와 비슷한 맛과 식감이라 연근을 안 좋아하는 사람도 부담 없이 즐길 수 있는 메뉴예요.
밥에 넣고 슥슥 비벼 먹어도 한 그릇 뚝딱이죠!

재료

- 무 200~250g
- 멸치육수 500ml
- 들기름(참기름) 약간
- 연근 100g

조림장 재료

- 고춧가루 1T
- 조청 2t
- 맛술 1T
- 간장 2t
- 멸치액젓 0.5t

만드는 법

1. 연근은 5mm 두께로 썰어 식초 1T를 푼 물에 10분간 담가둔다.
2. 무는 1cm 두께로 썰고, 모서리를 칼로 둥글게 다듬어준다. 무가 클 경우 2등분 혹은 4등분한다.
3. 냄비에 연근, 무, 육수, 조림장 재료를 넣고 뚜껑을 닫은 채 3~4분간 강불로 끓인다.
4. 끓어오르면 중불로 낮춰 20분간 끓인다. 중간중간 뒤적여준다.
5. 약불로 낮춘 뒤 뚜껑을 열고 10분간 끓인다.
6. 불을 끄고 들기름을 살짝 둘러준다.

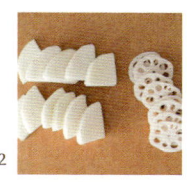

2

2

3

TIP

- 집집마다 화력이 다르므로 무와 연근이 눌어붙지 않도록 중간중간 확인해 주세요.
- 마지막에 물을 조금 추가하고 떡을 넣어 익혀 먹어도 맛있어요.

맛있게, 저염식

075

연근 완자조림

연근을 잘게 다져 넣어 연근의 아삭함과 돼지고기의 부드러운 식감이 어우러지는 메뉴예요. 연근이 돼지고기 특유의 잡내도 잡아주지요.

재료

- 돼지고기 다짐육 300g
- 연근 100g
- 연근가루 1T
- 찹쌀가루 1T
- 다진 파 1T
- 다진 마늘 1t
- 맛술 2t
- 마늘종 100~150g

조림장 재료

- 육수 2T
- 간장 4t
- 조청 1T
- 청귤청 2t

* 청귤청은 다른 과일청으로 대체해도 돼요.

만드는 법

1 돼지고기는 키친타월로 눌러 핏기를 빼고, 연근은 잘게 다져두고, 마늘종은 5cm 길이로 자른다.

2 마늘종을 제외한 재료를 볼에 넣고 10분 정도 치대준다.

3 치댄 반죽을 탁구공 정도 크기(25~30g)로 나눠 동글납작하게 빚는다.

4 예열한 팬에 식용유를 약간 두르고 약불로 완자를 천천히 굽는다.

5 다 구워지면 고기에서 나온 기름을 닦아주고, 완자를 팬의 한쪽으로 밀어둔 뒤, 빈 공간에 조림장을 넣고 끓어오르면 완자를 굴려가며 천천히 조린다.

6 조림장이 80% 정도 졸아들면 완자는 다른 접시에 옮겨 담고, 마늘종을 넣어 천천히 구워준다.

맛있게, 저염식

TIP

- 작은 미트볼로 만들 경우 반죽을 10g씩 동글동글 빚어 에어프라이어에 170도로 8~10분 정도 구워주세요.
- 과일청 종류가 없을 경우 청 2t를 조청 1t로 변경하여 넣어주세요.
- 마늘종 대신 파프리카, 그린빈, 버섯 등 다른 채소류를 넣어도 맛있어요.
- 연근가루가 없다면 찹쌀가루를 넣어주세요.

유자 떡조림

눈사람 모양의 조랭이떡을 넣어 아이들이 눈사람 떡볶이라 부르는 메뉴예요. 궁중떡볶이 스타일에 유자 향이 은은하게 스며들어, 조금 색다른 간장 떡볶이 맛을 즐길 수 있어요.
탄수화물, 단백질, 채소까지 골고루 챙길 수 있어 한끼 식사로도 훌륭하답니다.

재료

- 조랭이떡 20~25개
- 소고기(불고기용) 100g
- 미니 파프리카 2개
- 양파 1/4개
- 목이버섯 한 줌
- 맛술 1t
- 들기름(참기름) 약간

* 목이버섯은 다른 버섯으로 대체해도 돼요.

조림장 재료

- 맛술 2t
- 간장 2t
- 유자청 1T
- 육수(물) 100ml

만드는 법

1. 소고기는 키친타월로 핏기를 닦고, 가늘게 채 썰어 맛술을 넣고 버무린다.
2. 파프리카와 양파는 깍둑썰기하고, 목이버섯은 먹기 좋은 크기로 찢어둔다.
3. 예열한 팬에 식용유를 두르고 강불에 소고기를 볶아준다.
4. 소고기가 익으면 채소를 넣어 함께 볶다, 조랭이떡과 조림장을 넣고 졸인다.
5. 중강불에서 국물이 거의 다 졸아들면 유자청을 넣고 덖어준다.
6. 불을 끄고 들기름을 뿌려 접시에 담는다.

TIP

- 유자청 대신 레몬, 청귤 등 다른 청을 활용하셔도 좋아요.
- 유자청은 건더기 위주로 넣어주세요.
- 무염 떡을 사용할 경우에는 조림장의 간장 양을 조금 늘려주세요.(총 1T)

맛있게, 저염식

079

무말랭이 유부조림

꼬들꼬들한 식감이 매력적인 무말랭이는 무침으로 많이 드시지만, 조림으로 색다르게 즐겨보세요. 무말랭이 안 좋아하는 남편도 덮밥을 해주면 잘 먹는답니다. 무를 말리면 식이섬유가 생 무에 비해 20배 정도 풍부해져요. 항산화 기능으로 각종 질병 예방과 기관지에도 도움을 줍니다.

재료

- 무말랭이 40g
- 당근 1/4개(30~40g)
- 유부 5장(50g)
- 원당 1t
- 멸치육수 150ml
- 무말랭이 불린 물 150ml

조림장 재료

- 간장 2t~1T
- 맛술 0.5T
- 원당 2t

만드는 법

1. 무말랭이는 손으로 조물조물 여러 번 씻은 후, 40도 미온수에 원당 1t를 넣고 20~30분 불려 부드러워지면 물기를 꼭 짠다. (너무 풀려버리면 식감이 사라지니 손으로 만져보고 확인한다.)

2. 유부는 3분 정도 데친 뒤, 찬물에 헹궈 물기를 짜고 채 썬다.

3. 당근은 얇게 채 썬다.

4. 냄비에 식용유를 두르고 무말랭이, 유부, 당근을 1분 정도 볶다가 육수와 무말랭이 불린 물을 넣고 중약불에서 5분 정도 끓인다.

5. 조림장 재료를 넣고 뚜껑을 닫은 채 약불로 5~7분 정도 조린다.

6. 국물이 원하는 정도로 남으면 불을 끈다.

TIP

- 무말랭이 특유의 향을 좋아하지 않는다면, 들기름이나 참기름을 뿌려 덮밥으로 드셔보세요. 덮밥으로 드실 경우 맛이 심심할 수도 있으니 간장, 식초, 양념장을 곁들여주세요.

맛있게, 저염식

081

구이·볶음

그날 식탁의 메인 반찬이 될 수 있는 구이와 볶음 요리. 온 가족이 맛있게 먹을 수 있는 순한 맛의 구이와 볶음 요리 레시피들이에요. 양념을 최소한으로 쓰면서도 맛을 살리는 고민을 많이 했답니다.

떡갈비

반찬으로 먹어도 좋지만 재료로 여기저기 응용하여 활용하기 좋은 효자 메뉴예요. 한번에 반죽을 많이 해두고 소분하여 냉동해두었다 꺼내 쓰기 좋아요. 동글동글한 떡갈비 형태로 냉동할 때는 미리 구워 냉동했다가 데워 먹으면 편하고 맛있어요. 다짐육 대신 불고깃감을 칼로 다져 만들면 식감이 더욱 좋답니다. 이 떡갈비 레시피는 반죽을 구운 것만으로도 충분히 맛이 좋으니 조림장에 조리는 과정은 기호에 따라 선택해주세요.

재료 (20개 분량)

- 소고기 다짐육 600g

밑간 재료

- 찹쌀가루 2T
- 사과즙(배즙) 3T
- 다진 양파 70~80g
- 간장 2t
- 올리고당(원당) 1T
- 다진 마늘 1t
- 맛술 1.5T
- 다진 파 2T

조림장 재료

- 간장 1.5T
- 물 3T
- 조청 3T

만드는 법

1. 소고기는 키친타월로 핏물을 제거한다.
2. 볼에 소고기와 밑간 재료를 넣고 5~10분 정도 치댄다.
3. 반죽을 30g씩 나눠 잘 뭉쳐준다.
4. 에어프라이어에 넣고 180도로 10~12분 정도 구워준다.
5. 팬에 조림장을 넣고 아주 약불로 끓이다 1/3 정도 졸아들면, 구운 떡갈비를 넣고 골고루 굴려가며 완전히 졸여준다. (생략 가능)

맛있게, 저염식

---- TIP ----

- 새송이버섯이나 떡을 잘게 다져 넣어주면 식감이 더 좋아요.
- 김치를 잘게 다져 넣어도 별미예요.(떡갈비 300g당 다진 김치 2t)
- 소고기와 돼지고기를 섞어 만들어도 맛있어요.
- 소고기에 기름이 너무 없으면 양념장에 식용유 1t를 넣어주거나 에어프라이어 대신 기름을 두른 팬에 중불로 구워주세요.
- 조림장은 물보다 육수를 넣으면 맛이 더 좋아요.
- 다진 파와 양파는 물기가 생기지 않게 팬에 한 번 구워 식힌 뒤에 넣으면 떡갈비의 향이 더 좋아요.

떡갈비 가지보트

부드러운 가지에 떡갈비 소를 채워 토마토소스를 곁들이는 메뉴예요. 토마토는 육류의 느끼함을 잡아주고 더 부드럽게 해주는 효과가 있어, 궁합도 좋답니다. 우리집 아이들은 이렇게 만들어주면 밥을 조금 넣고 슥슥 으깨 리조또처럼 즐기기도 해요.

재료

- 가지 2개
- 떡갈비 반죽 100g
- 토마토소스 200ml

* 떡갈비 반죽은 84쪽을, 토마토소스는 332쪽을 참고하세요. 시판 제품을 사용해도 좋습니다.

만드는 법

1 예열한 팬에 식용유를 두르고 약불에서 가지가 물컹해질 때까지 천천히 굴려가며 굽는다.

2 가지는 가운데 부분을 2/3 깊이까지 칼집을 내고, 사진과 같이 가지 속을 눌러준다.

3 떡갈비 소를 채우고 170도로 예열한 에어프라이어에 넣고 10분간 굽는다.

4 오븐 용기에 토마토소스와 구운 가지를 담고 치즈를 뿌려 치즈가 녹을 때까지 더 구워준다. (5분 이내)

1

2

3

TIP

- 과정 1에서 프라이팬에 굽는 것이 번거로우면 가지 가운데 부분을 칼집 내고 전체적으로 식용유를 바른 뒤, 160도로 예열한 에어프라이어에 넣고 10분 정도 구워주세요.
- 마늘 후레이크를 뿌리면 더 맛있어요.

맛있게, 저염식

떡갈비 품은 단호박

열량이 낮은 단호박은 비타민과 무기질 함량은 높으면서도 달고 부드러워 많은 사람이 좋아하는 식재료 중 하나예요. 찌거나 구워 먹어도 맛있지만 떡갈비 반죽을 채워 드셔보세요. 떡갈비의 육즙이 단호박에 스며들어 풍미가 좋고, 영양도 골고루 채울 수 있는 메뉴입니다.

재료

- 단호박 2개
- 다진 채소 150g
- 치즈 약간
- 떡갈비 반죽 150g

* 떡갈비 반죽은 84쪽을 참고하세요.
* 다진 채소는 애호박, 양파, 버섯 등을 활용하세요.

만드는 법

1 단호박은 전자레인지에 넣고 3분 정도 익힌 후, 윗부분만 잘라 숟가락으로 씨와 속을 파낸다.

2 떡갈비 반죽, 단호박 속, 잘게 다진 채소를 섞어 단호박 안에 채워준다.

3 에어프라이어에 넣고 180도에 20분 정도 굽는다.

4 치즈를 올려 3분 더 구워준다.

TIP

- 단호박 속에 떡갈비 반죽을 넣을 때 토마토소스를 조금 채워 넣어도 맛있어요.
- 취향에 따라 다양한 치즈를 활용해주세요.

맛있게, 저염식

소떡
소떡

어느 날 아이들이 주문한 소떡소떡. 평소에 소시지를 잘 먹이지 않아 어찌할까 고민하다가 소고기와 떡 조합으로 만들어봤어요. 처음에는 생각했던 소떡이 아니라며 울상이었지만, 소시지 대신 소고기를 넣어도 맛있다며 잘 먹더라고요. 한번에 넉넉하게 만들어 냉동실에 넣어뒀다 간식으로 자주 주는 메뉴예요.

재료

- 떡갈비 반죽 200g
- 무염 가래떡 20개
- 대나무 꼬치 10개

*떡갈비 반죽은 84쪽을 참조하세요.

소스 재료

- 케첩 1T
- 조청 1T
- 간장 0.5t
- 맛술 1T
- 원당 2t
- 물 2T
- 고추장 0.5T

만드는 법

1. 떡갈비 반죽은 10g씩 나누어 동글동글하게 빚는다.
2. 가래떡과 떡갈비 반죽을 번갈아가며 꼬치에 끼운다.
3. 170도로 예열한 오븐에 15분 굽는다.
4. 소스 재료를 모두 섞어 냄비에 넣고 약불에 4분 30초 정도 천천히 졸이다 끓어오르면 30초 정도 더 졸이고 불을 끈다. (처음 양의 2/3가 남아야 한다.)

2

4

TIP

- 떡갈비를 미리 익혀서 꼬치에 끼울 경우, 부서질 수도 있으므로 가는 꼬치를 사용하는 것이 좋아요.
- 많이 만들어 냉동해뒀다 먹을 경우 떡갈비를 미리 익혀주는 것이 좋아요.
- 소스를 뿌려 먹는 메뉴이니 떡갈비 반죽은 간장을 빼고 만들고, 떡은 무염 떡을 활용하면 나트륨 섭취를 줄일 수 있어요.
- 걸쭉한 소스를 만들려면 전분물(전분 1t + 물 2t)을 과정 4에서 넣어주세요.

맛있게, 저염식

091

두부 스테이크

두부를 좋아하지 않는 딸이 잘 먹는 메뉴 중 하나예요. 소스에 따라 전혀 다른 메뉴가 되기도 한답니다. 동그랑땡 크기로 빚어 도시락 반찬으로, 햄버거에 고기패티 대신 활용해보세요. 토마토소스나 케첩, 돈까스 소스를 곁들여 먹어도 좋고, 조청과 간장에 조려 조림처럼 만들어도 맛있어요.

재료

- 두부 한 모
- 각종 채소 150g
- 전분가루 2T
- 쌀가루 1.5T
- 달걀 1개

*채소로는 양파, 애호박, 당근 등을 사용하세요.

만드는 법

1 두부는 끓는 물에 살짝 데친 후 면보에 넣고 꽉 짠다.

2 채소는 잘게 다진다.

3 다진 채소는 예열한 팬에 넣고, 물기가 생기지 않도록 강불에 볶는다.

4 볼에 두부, 채소, 달걀, 가루를 넣고 치댄 뒤, 원하는 사이즈로 둥글넓적하게 빚는다.

5 예열한 팬에 식용유를 두르고 중강불로 겉면을 익힌 후, 약불로 낮춰 속까지 익혀준다. (겉면을 익힌 후, 에어프라이어에 넣고 180도로 10분 정도 구워줘도 된다.)

라구소스

조청간장조림

토마토소스

TIP

- 반죽이 너무 손에 들러붙으면 가루를 조금 더 추가해주세요.
- 반죽을 잘 치대야 구울 때 부서지지 않아요.

맛있게, 저염식

093

닭다리살 스테이크

부드러운 닭다리살을 이용한 스테이크는 아이들에게 인기 만점 메뉴랍니다. 마지막에 조림장을 넣고 조릴 때 바싹 졸이면 겉이 더 바삭해져요. 샐러드와 함께 곁들여 먹으면 근사한 한끼가 되지요. 더 담백하게 즐기고 싶다면 닭안심이나 닭가슴살로 대체해도 좋습니다.

재료
- 닭다리살 350g
- 전분가루 약간

밑간 재료
- 후춧가루 약간
- 다진 마늘 2t
- 맛술 2t

조림장 재료
- 멸치육수(물) 1T
- 맛술 2t
- 간장 2t
- 조청 1T

만드는 법

1 손질한 닭다리살은 키친타월로 물기를 제거한다.

2 닭다리살에 밑간 재료를 골고루 발라준 뒤 20분간 재워둔다.

3 전분가루를 닭다리살에 골고루 묻힌 후, 가루가 흡수될 때까지 기다린다. (3~4분)

4 예열한 팬에 기름을 넉넉하게 두르고, 중강불에서 닭다리살을 튀기듯 굽는다. (처음에는 껍질 부분이 아래쪽을 향하게 넣고 굽는다.)

5 바삭하게 익힌 닭다리살을 잠시 꺼내고, 그 팬에 조림장 재료를 모두 넣고 약불로 끓인다.

6 조림장이 끓어오르면 중불로 바꾸고, 구워둔 닭다리살을 넣어 윤기나게 조린다.

(TIP)

- 조림장을 마지막까지 바싹 졸여야 겉이 바삭해져요.

맛있게, 저염식

유자 닭날개 구이

튀기지 않고 구워 담백한 닭날개와 새콤달콤하면서도 은은한 유자 향이 조화로워요. 유자청이 닭고기에 남아 있는 잡내까지 잡아준답니다. 누구에게나 사랑받는 메뉴예요.

재료

- 닭날개 600g
- 전분가루 3T
- 식용유 4t

밑간 재료

- 맛술 1T
- 후춧가루 약간
- 생강가루 약간

양념장 재료

- 멸치육수(물) 4t
- 간장 2t
- 조청 2t
- 맛술 1T
- 원당 2t
- 유자청 1T

만드는 법

1. 깨끗하게 손질한 닭날개는 물기를 제거하고 밑간 재료에 버무려 10분 정도 둔다.
2. 전분가루에 골고루 버무려 3~4분간 두고, 가루가 흡수되면 식용유를 뿌려 골고루 버무린다.
3. 예열하지 않은 에어프라이어에 180도로 굽는다. 중간에 한 번 뒤집어주고, 겉이 노릇노릇하고 바삭해질 때까지 굽는다. (20~25분)
4. 유자청을 제외한 양념장을 팬에 넣고 약불로 천천히 졸인다.
5. 양념장이 끓어오르면, 구워둔 닭날개를 넣어 버무리듯 조린다.
6. 양념장이 90% 정도 졸아들었을 때 유자청을 넣어 같이 골고루 버무리며 조린다.

TIP

- 유자청은 건더기 위주로 넣어야 많이 달지 않고 맛있어요. 다른 과일청을 활용하셔도 좋아요.

맛있게, 저염식

항정살 고추장 볶음

살코기와 지방이 조화로워 마블링이 천 개나 된다고 하여 천겹살이라고도 불리우는 항정살을 사용한 요리입니다. 그냥 구워 먹어도 맛있지만, 살짝 데쳐 잡내를 제거하고 요리했어요. 깔끔하고 담백한 제육볶음이죠. 양파 슬라이스에 식초와 원당을 조금씩 넣고 살짝 절여 곁들여 먹으면 정말 잘 어울린답니다.

재료

- 돼지고기 항정살 300g
- 청주 2t
- 조청 1t

양념장 재료

- 고추장 2t
- 조청 1T
- 다진 마늘 1t
- 간장 1t
- 맛술 1T
- 후춧가루 약간
- 고춧가루 1T
- 물 2T

만드는 법

1. 끓는 물에 항정살과 청주를 넣고 1분~1분 30초 정도 데친 뒤, 찬물에 헹군다.
2. 양념장 재료를 잘 섞어 팬에 붓고 중불에서 끓이다가 끓어오르면 항정살을 넣고 볶는다.
3. 양념장이 거의 흡수되면 조청 1t를 추가하여 양념장이 다 흡수될 때까지 윤기나게 볶는다.

1

2

TIP

- 취향에 따라 참기름을 조금 추가하여 먹어도 좋아요.
- 접시에 담고 통깨를 뿌리면 더욱 먹음직스러워 보여요.

맛있게, 저염식

메추리알 버섯구이

메추리알 5개와 달걀 1개를 비교해보면 영양 성분은 비슷하나 달걀보다 영양적인 밀도가 높은 식재료예요. 크기가 작아 아이들 반찬으로도 많이 활용하고 있어요. 흔히 만드는 장조림 대신 양송이 버섯에 넣고 구워 한입 쏙쏙 핑거푸드 느낌으로 즐겨보세요. 메추리알에는 레티놀 성분이 풍부하며 시력 보호와 개선에도 도움이 된답니다.

재료

- 양송이버섯 10개
- 메추리알 10개
- 치즈 약간

만드는 법

1. 양송이버섯은 기둥을 제거하고 속을 약간만 파낸다.
2. 버섯 구멍에 메추리알을 넣어주고 포크로 한 번 눌러 찍어준다. (터지는 것 방지)
3. 버섯은 에어프라이어에 180도로 10분 정도 익힌다.
4. 토마토소스나 케첩을 곁들여 먹는다.

1

2

> **TIP**
>
> - 에어프라이어에 넣기 전, 전자레인지에 1분간 익혀주면 조리 시간을 단축시킬 수 있어요.

맛있게, 저염식

101

약고추장 가지구이

아이들을 키우다보니 한입에 쏙 먹을 수 있는 음식들을 자주 하는 편이에요. 약고추장을 넉넉하게 만들어 가지에 쏙쏙 넣어 보세요. 가지를 즐겨 먹지 않는 사람들도 거부감 없이 맛있게 먹을 수 있답니다.

대표적인 여름 채소인 가지는 찬 성질의 식재료로, 열이 많은 사람에게 좋아요. 저온에 약하므로 상온에 보관하는 게 좋으며 온도가 낮은 곳에서는 속살이 검게 변해요. 가지는 기름으로 조리하면 리놀산과 비타민 E의 흡수율을 높일 수 있어요.

재료

- 가지 2개
- 약고추장 100g(328쪽 참조)
- 오일 스프레이(식용유)

만드는 법

2

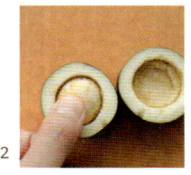
2

1 가지는 3cm 두께로 6~7등분으로 썬다.

2 가지 가운데 부분을 동그랗게 파내고, 파낸 속을 뒤집어 넣은 뒤 손으로 눌러준다.

3 가지에 오일 스프레이를 살짝 뿌려 160도로 예열한 에어프라이어에 10~12분 정도 굽는다.

4 구운 가지에 약고추장을 채워 넣고 160도로 2분 정도 더 구워준다.

4

tip

TIP

- 약고추장 위에 치즈를 올려도 맛있어요.
- 가지는 얇게 썰어 같은 방법으로 먹어도 맛있어요.

맛있게, 저염식

연근 고기 샌드

연근의 아삭함이 일품인 이 메뉴는 아이들이 연근버거라 부르며 좋아하는 메뉴 중 하나예요. 연근의 부족한 단백질을 소고기로 채워 영양 면으로도 좋은 메뉴예요. 연근을 얇게 슬라이스해서 만들면 어린 아이들도 부담 없이 잘 먹는답니다.

재료

- 연근 300~400g
- 떡갈비 반죽 200g
- 쌀가루(밀가루) 약간

* 떡갈비 반죽은 84쪽을 참고하세요. 소고기 다짐육이나 불고깃감을 다져 사용해도 좋아요.

만드는 법

1 연근은 3mm 두께로 썰어 식초 1T를 섞은 물에 15분 담근 후, 끓는 물에 2~3분 데친다. (슬라이스로 할 경우 식촛물에 15분 담근 후 물기를 제거한다.)

2 물기를 제거한 연근에 쌀가루를 골고루 묻힌다.

3 떡갈비 반죽을 연근과 연근 사이에 넣고 지그시 눌러준다.

4 예열한 팬에 식용유를 두르고, 중약불에서 천천히 굽는다. 고기와 연근이 잘 붙도록 뒤집개로 살짝 눌러주며 굽는다.

3

3

4

tip

TIP

- 떡갈비 반죽은 조금씩 넣어야 잘 붙어요. 연근은 얇을수록 굽기 좋아요.
- 조림으로 해서도 드셔보세요. 물 1T + 간장 2t + 맛술 0.5T + 조청 1T를 팬에 넣고 바글바글 끓어오르면, 구워둔 샌드를 넣고 강불로 윤기나게 조리면 됩니다.

맛있게, **저염식**

105

마 찹쌀 구이

산에서 나는 장어라는 별명을 가진 마는 위 건강뿐만 아니라 자양강장제로 탁월한 식재료입니다. 서여향병(찜기에 찐 마를 꿀에 재워 찹쌀가루를 묻혀 구운 뒤 잣가루를 묻혀 먹는 요리)을 조금 변형시켜 만든 음식이에요. 마를 싫어하는 사람도 대부분 맛있게 즐길 수 있는 메뉴랍니다. 마는 열을 가하면 영양소가 파괴되기 쉬우므로 생으로 섭취하거나 최소한의 열만 가해 조리해 먹는 것이 좋습니다.

재료

- 마 400g
- 꿀 또는 조청 적당량
- 잣 1T
- 찹쌀가루 3~4T

만드는 법

1 마는 껍질을 벗겨 0.5cm 두께로 썰고 찜기에 3분 정도 찐다.

2 마 표면에 찹쌀가루를 골고루 묻혀, 예열한 팬에 식용유를 두르고 중약불로 살짝 굽는다.

3 잣을 빻아 조청에 넣고 찍어 먹는다.

1

2

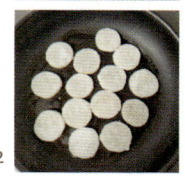
2

TIP

- 마를 손질할 때 알레르기 반응이 생기는 사람도 있으므로 장갑을 착용해 주세요.
- 마를 구울 때 식용유를 넉넉하게 두르고 구워야 예쁘게 구워져요.
- 아삭한 식감을 좋아한다면 과정 1을 생략해도 좋아요.

맛있게, 저염식

107

연근 찹쌀구이

입안이 깔끔하고 담백해지는 전이에요. 재료는 심플하지만 찹쌀가루의 쫀득함과 연근의 아삭함이 어우러져 식감이 좋아요.

재료

- 연근 200g
- 찹쌀가루 2T

양념장 재료

- 간장 1t
- 식초 0.5t
- 간 깨 0.5t
- 물 1t
- 원당 0.5t

만드는 법

1 연근은 5mm 두께로 썰어 식초 1T를 넣은 물에 10분 담갔다가 3분간 데친 뒤 찬물로 헹군다.

2 데친 연근은 채반에 밭쳐 물기를 제거한다.

3 찹쌀가루를 연근에 골고루 묻힌다.

4 예열한 팬에 식용유를 두르고, 약불로 앞뒷면을 노릇하게 구워준다.

5 양념장을 곁들여 먹는다.

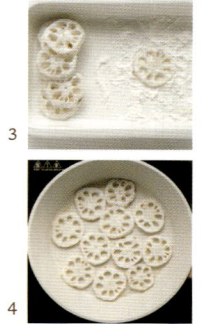

3

4

TIP

- 깨는 바로 간 것이 향이 좋아요.
- 연근전이 눅눅해지면 에어프라이어에 예열 없이 180도로 5분 정도 구워주세요.

맛있게, 저염식

고구마 줄기 볶음

고구마 줄기는 대부분 수분으로 이루어져 있어 저칼로리면서 각종 비타민 성분이 풍부하게 들어 있어요. 식이섬유도 풍부하여 장 운동에도 도움을 주지요. 취향에 따라 들기름을 조금 추가하여 드셔보세요.

재료

- 고구마 줄기 150g
- 멸치육수 100ml
- 들깨가루 0.5T
- 멸치액젓 1t
- 다진 마늘 0.5t

*고구마 줄기는 손질 후 무게입니다.

만드는 법

1. 껍질을 벗긴 고구마 줄기는 냄비에 물과 소금 2꼬집을 넣고 중강불로 5~6분 정도 삶은 뒤 찬물에 헹군다.
2. 손질한 고구마 줄기는 5~6cm 길이로 자른다.
3. 예열한 팬에 식용유를 두르고, 다진 마늘을 볶다가 고구마 줄기와 육수, 액젓을 넣는다.
4. 뚜껑을 닫고 5분 정도 익히다 들깨가루를 넣고 사진과 같이 물기가 거의 다 스며들 때까지 볶아준다.

1

2

4

TIP

- 불을 끄고 취향에 따라 들기름을 넣고 잘 버무려주세요.

맛있게, 저염식

마늘종 어묵볶음

수족냉증에 도움을 주는 마늘종은 늦봄부터 한여름 사이가 제철이며 6월의 마늘종이 가장 좋습니다. 살짝 데치면 아린 맛이 빠져 아이들도 맛있게 먹을 수 있어요.

재료

- 마늘종 150g
- 양파 1/4개(60g)
- 참기름 1t
- 사각어묵 2장(100g)
- 새송이버섯 1개

조림장 재료

- 간장 0.5T
- 멸치육수(물) 1T
- 맛술 1t
- 올리고당 2t

만드는 법

1. 마늘종은 양끝을 다듬어 4cm 간격으로 자른 뒤, 끓는 물에 15초 정도 데쳐 물기를 뺀다.
2. 어묵은 잘게 썰어 뜨거운 물에 10초 정도 데친 뒤 찬물로 헹궈 물기를 뺀다.
3. 양파는 채 썰고 버섯은 잘게 찢는다.
4. 예열한 팬에 식용유를 두르고 마늘종을 넣어 중불에 1분간 볶다가 조림장의 1/2을 넣어 2분간 더 볶는다.
5. 어묵, 양파, 버섯과 남은 조림장 1/2을 넣은 다음 중강불에서 2분 정도 볶는다.
6. 불을 끄고 참기름을 넣어 골고루 섞는다.

TIP

- 마늘종을 살짝 데쳐주면 조림장이 더 잘 스며들어 맛있어요.
- 매운 것을 먹지 못하는 아이의 경우 마늘종을 10초 데친 후 찬물에 5분 정도 담가 매운맛을 좀 더 빼서 조리하면 좋아요.

맛있게, 저염식

머위대 볶음

시어머님이 자주 해주시는 요리를 저염으로 만들어봤는데, 심심한듯 깊은 맛이 나서 맛있더라고요. 남편도 아이들도 이것만 있으면 밥 한 그릇 뚝딱하는 반찬이에요.
껍질을 벗겨야 하는 번거로움이 있지만, 3~4월 제철에 꼭 한번 드셔 보셨으면 하는 메뉴 중 하나예요.

재료

- 손질한 머위 150g
- 들기름 1t

양념장 A 재료

- 멸치육수 200ml
- 간장 1t
- 고춧가루 2t
- 멸치액젓 1t

양념장 B 재료

- 다진 마늘 1t
- 다진 파 1t

만드는 법

1 손질한 머위는 4~ 5cm 길이로 썰어준다.

2 냄비에 머위와 양념장 A를 넣고 강불로 끓이다 물이 끓어오르면 중불로 낮추고 뚜껑을 닫아 15분간 끓여준다.

3 15분 뒤 양념장 B를 넣고 뚜껑을 열어둔 채 5분간 더 끓인다.

4 불을 끄고 들기름을 넣어 섞어준다. (생략 가능)

1

2

3

TIP

- 머위 손질 방법 : 끓는 물에 20분간 삶고 찬물에 담가 식힌 뒤 껍질을 벗겨주세요.

맛있게, 저염식

명란 감자볶음

최근에는 건강을 챙기는 사람들이 많아지면서, 식재료에도 많은 변화가 생겼어요. 저염 명란 제품도 많이 나오고 있지요. 소량만 사용해도 감칠맛이 풍부한 명란젓으로 간단하면서도 맛있는 메뉴를 만들어보세요.

재료

- 감자 큰 것 2개(300g)
- 저염 백명란 25g
- 트러플오일 1T
- 육수(물) 약간

*트러플오일 대신 들기름이나 참기름을 사용해도 좋아요.

만드는 법

1 감자 2개를 사방 1.5cm 크기로 깍둑썰기하고, 물에 10분간 담갔다 건진다. 채반에 밭쳐 물기를 제거한다.

2 명란은 칼로 속만 파내어 준비해둔다.

3 예열한 팬에 식용유를 두르고 중불에서 3분 정도 볶다가 감자가 반 정도 잠길 만큼의 육수나 물을 넣고 중강불에 6분 정도 익힌다.

4 감자가 90% 정도 익으면 명란을 넣고 버무리듯 30초간 볶는다.

5 불을 끄고 트러플오일을 뿌려준다.

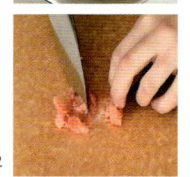

TIP

- 감자를 너무 많이 익혀 뭉개지는 상태보다 조금 단단해야 맛있어요.
- 미리 만들어둔다면 과정 4까지 만들어두고, 먹기 직전에 데워 오일을 뿌리면 좋아요.
- 과정 3에서 육수나 물의 양은 팬의 크기에 따라 달라져요. 궁중팬을 사용하면 좋아요.

맛있게, 저염식

117

얇은 감자채 볶음

굵직한 감자채 볶음은 몇 번이나 외면당했지만, 아주 가늘게 썰어 만든 감자채 볶음은 늘 가족들에게 인기 만점이에요.
아삭한 식감이 생명이니 빠르게 볶아주세요.

재료

- 감자 2개(200g)
- 피망 1개
- 김밥용 햄 3줄(40g)
- 다진 파 2t
- 간장 1.5t

* 피망은 파프리카나 고추로 대체해도 돼요.

만드는 법

1 감자는 슬라이서로 썬 뒤, 3mm 정도 폭으로 채 썬다. 물에 10분 정도 담갔다가 채반에 밭쳐 물기를 제거한다. (전분 제거)

2 피망과 햄도 잘게 채 썬다.

3 예열한 팬에 식용유를 두르고, 파를 볶다가 감자를 넣어 타지 않도록 중불로 살살 섞어가며 볶는다.

4 1분 정도 볶다가 채 썬 피망, 햄, 간장을 넣고 중불에서 3~4분간 더 볶아준다. (볶는 시간 총 4~5분)

맛있게, 저염식

오이 뱃두리

처음 이름을 들었을 땐 조금 생소할 수 있지만, 가정에서 자주 먹는 메뉴인 소고기 오이볶음이에요. 꼬들꼬들한 오이의 식감과 부드러운 소고기의 만남이 잘 어우러지는 반찬이에요. 간장과 들기름을 조금 더 추가하여, 덮밥으로 먹어도 맛있답니다.

재료

- 오이 2개(250g)
- 채 썬 표고버섯 1개
- 들기름(참기름) 0.5T
- 다진 소고기 100g
- 올리고당 1t

오이 절임 재료

- 물 100ml
- 굵은소금 0.5T

고기 밑간 재료

- 다진 마늘 1t
- 맛술 0.5T
- 원당 1t
- 간장 1t

만드는 법

1. 오이는 3mm 두께로 썰어 30분간 절인다.
2. 오이를 절이는 동안 고기를 밑간하고, 팬에 강불로 빠르게 볶다가 80% 정도 익으면 채 썬 버섯을 넣고 볶아준다.
3. 절인 오이는 찬물에 빠르게 한 번 헹궈 면보로 물기를 제거한다.
4. 예열한 팬에 식용유를 두르고 강불에서 1분간 오이를 볶다가 올리고당 1t를 넣고 1분간 더 볶는다. 볶은 오이를 넓게 펼쳐 식힌다.
5. 식혀둔 고기와 오이를 볼에 담고 들기름(참기름)을 넣어 버무려준다.

TIP

- 오이의 수분을 최대한 빼주고, 볶은 뒤 바로 펼쳐 식혀야 식감이 꼬들꼬들하고 색이 좋아요.
- 고기를 강불에서 빠르게 볶아야 수분이 생기지 않아요.

맛있게, 저염식

121

콩나물 볶음

콩나물은 비타민 C 함유량이 높아 감기와 면역 조절에 좋으며, 아스파라긴산이 풍부하여 숙취에도 좋은 식재료예요. 평소 콩나물을 즐겨 먹지 않는 남편과 첫째 아이를 위해 만들어본 반찬이에요. 이렇게 볶아주면 콩나물 한 봉지는 금방 먹지요. 여기에 달걀프라이만 올려 밥이랑 비벼 먹어도 맛있답니다.

재료

- 콩나물 300g
- 채 썬 대파 2T
- 고춧가루 1T
- 액젓 1t
- 다진 마늘 1t
- 깨 약간
- 간장 1t

만드는 법

1 콩나물은 세척한 후 채반에 밭쳐 물기를 제거한다.

2 액젓, 간장, 고춧가루는 미리 섞어둔다.

3 예열한 팬에 식용유를 두르고 대파와 다진 마늘을 넣고 볶는다.

4 파와 마늘 향이 올라오면, 강불로 올려 콩나물을 넣고 2분~2분 30초간 볶아준다.

5 콩나물 숨이 죽으면 2를 넣고 버무리듯 볶은 후 불을 끄고 깨를 뿌린다.

3

4

TIP

- 콩나물의 아삭함을 살려주는 것이 포인트예요. 콩나물이 질겨질 수 있으니 강불에서 빠르게 볶아주세요.

맛있게, 저염식

공심채 볶음

공심채 볶음은 동남아 음식점에 가면 꼭 주문해서 먹는 메뉴 중 하나예요. 모닝글로리라고도 불리는 공심채는 요즘에는 마트에서도 쉽게 구할 수 있어요. 줄기 속이 비어 있어 아삭하면서도 향이 강하지 않아 아이들도 부담 없이 먹을 수 있어요. 조리법도 간단한 편이니 꼭 만들어 드셔보세요.

재료

- 공심채 200g
- 돼지고기 다짐육 100~150g
- 다진 마늘 1T
- 다진 파 1T
- 땅콩 분태 약간
- 베트남고추 3~4개(생략 가능)

밑간 재료

- 간장 0.5t
- 원당 1t
- 맛술 1t

양념장 재료

- 굴소스 1t
- 멸치액젓(피시소스) 1t
- 마스코바도(원당) 2t
- 맛술 1t

만드는 법

1. 공심채는 세척 후 물기를 제거하고, 4등분으로 자른다.
2. 돼지고기는 핏물을 키친타월로 제거하고, 밑간 재료를 넣어 버무린 뒤 10분간 둔다.
3. 예열한 팬에 식용유를 넉넉히 두르고 다진 파와 마늘, 고추를 넣고 향이 올라올 때까지 볶는다.
4. 고기를 넣고 강불에 볶는다.
5. 고기가 익으면 양념장과 공심채 줄기를 넣고 중불에서 1분 30초간 볶다가 잎을 넣어 1분 정도 더 볶아준다.
6. 땅콩 분태를 뿌려서 먹는다.

맛있게, 저염식

TIP
- 굴소스가 없으면 멸치액젓 1.5t만 넣어도 좋아요.
- 마스코바도가 없으면 원당으로 대체해도 되지만, 마스코바도를 넣으면 풍미가 더 좋아요.

달콤 플라워

브로콜리와 비슷한 모양인 콜리플라워는 꽃양배추라고도 불립니다. 항화합물인 설포라판이 풍부하고, 열량이 낮으며 식이섬유와 비타민 C가 풍부하게 들어 있어 항암 효과와 함께 다이어트에도 도움을 주는 채소예요. 특유의 쓰고 떫은 맛은 강정처럼 만들어 먹으면 누구나 거부감 없이 맛있게 즐길 수 있어요.

재료 (1인 1회 분량)

- 콜리플라워 1/2개
- 소금 1꼬집
- 물 2t
- 메이플시럽 1T

만드는 법

1 콜리플라워는 송이를 통으로 식초 1T를 섞은 물에 10분간 거꾸로 담근 후 깨끗하게 헹군다.

2 한입에 먹기 좋은 크기로 자른다.

3 물기를 제거하고 오일을 뿌려 160도로 예열한 에어프라이어에 넣고 7~10분간 굽는다.

4 팬에 메이플시럽, 물, 소금을 넣고 중약불로 끓인다.

5 시럽이 끓어오르고 반 정도 줄었을 때, 강불로 바꾸고 구워둔 콜리플라워를 넣고 덮어준다.

6 시럽이 완전히 흡수되면 불을 끈다.

― TIP ―

- 에어프라이어에서 구울 때 타지 않게 잘 살펴보며 시간을 가감해주세요.
- 만들고 바로 먹어야 맛있어요.
- 단맛은 취향에 맞춰 메이플시럽 양을 가감해주세요.
- 과정 3은 에어프라이어 대신 팬에 식용유를 두르고 중약불로 노르스름해질 때까지 구워도 좋아요.

맛있게, 저염식

우엉 잡채

우엉조림과는 달리 아삭한 식감이 매력적이에요. 집에 있는 다양한 채소를 활용하여 만들어보세요. 소고기 대신 어묵을 얇게 채 썰어 활용하셔도 맛있답니다. 당면 대신 우엉을 사용하여 소화도 잘 되고, 영양 만점인 메뉴예요.

재료

- 손질한 우엉 150g
- 파프리카 1개(150g)
- 양파 1/2개
- 버섯 한 줌(70g)
- 콩나물 한 줌(70g)
- 올리고당 0.5T
- 채 썬 소고기 100g
- 다진 마늘 1t
- 참기름(들기름) 약간

소고기 밑간 재료

- 맛술 1t
- 다진 마늘 0.5t
- 원당 0.5t
- 간장 0.5t

양념장 재료

- 원당 1T
- 간장 1T
- 맛술 0.5T

만드는 법

1 얇게 채 썬 우엉은 식초 1T를 넣은 물에 15분 정도 담갔다 뺀 후, 끓는 물에 3분간 데친다.

2 채소는 채 썰고, 콩나물은 3분간 데쳐 식혀둔다.

3 소고기는 키친타월로 핏물을 닦은 뒤, 밑간 재료에 버무려둔다.

4 채소와 고기는 물기가 생기지 않도록 강불에 각각 빠르게 볶은 뒤 식힌다. (채소를 먼저 볶아 덜어내고 고기를 볶는다.)

5 예열한 팬에 식용유를 두르고, 다진 마늘 1t를 볶다가 우엉과 양념장을 넣고 볶는다. 80% 정도 볶았을 때, 올리고당 0.5T를 넣어 윤기를 더해준다.

6 볶은 우엉, 참기름, 준비해둔 채소와 고기를 넣고 버무린다.

(TIP)

- 일반적인 우엉조림보다 아삭한 식감이 남게 볶아주는 것이 맛있어요.

맛있게, 저염식

고추잡채 & 또띠아

어느 날 고추잡채를 만들어 꽃빵과 함께 내어주었더니 둘째 아이가 꽃빵 대신 또띠아를 찾더라고요. 얇은 또띠아에 돌돌 말아 싸 먹어보니 정말 담백하고 맛있었어요. 여기에 양상추나 채 썬 양배추를 넣고 롤처럼 말아 칠리소스에 찍어 먹으면 또다른 메뉴가 된답니다.

재료

- 돼지고기(잡채용) 250g
- 청피망 1.5개
- 전분가루 0.5T
- 통밀 또띠아 3~4장
- 홍피망 1개
- 다진 마늘 2t
- 양파 1/2개

밑간 재료

- 간장 1t
- 맛술 0.5T

양념장 재료

- 간장 1T
- 올리고당 2t
- 맛술 2t

만드는 법

1. 돼지고기는 키친타월로 핏물을 닦고 밑간 재료에 20분 정도 재운다.
2. 피망과 양파는 잘게 채 썬다.
3. 과정 1의 고기를 전분가루에 버무린다. (생략 가능)
4. 예열한 팬에 식용유를 넣고, 다진 마늘을 향이 나도록 볶는다.
5. 불을 중강불로 올려 고기를 더해 볶는다.
6. 고기가 거의 다 익으면, 썰어둔 채소와 양념장을 넣어 강불에 볶는다.
7. 또띠아는 마른 팬에 넣고 약불에 살짝 굽는다.

맛있게, 저염식

> **TIP**

- 돼지고기 대신 소고기를 사용해도 좋아요.
- 불의 세기가 약하면 물이 생기니 강한 불에서 빠르게 볶아주세요.
- 피망 대신 파프리카나 버섯을 넣어도 맛있어요.
- 조금 매콤하게 드시고 싶다면 고추기름을 추가하여 채소를 볶아주세요.

나물·무침

건강한 식단엔 채소 반찬이 꼭 필요해요. 마트에서 항상 볼 수 있는 친근한 채소들부터 일년 중 잠깐 동안만 볼 수 있는 채소들까지, 정말 다양한 채소들을 어떻게 하면 맛있게 조리할 수 있을지 연구를 많이 했어요. 아이들도 아주 맛있게 먹는 반찬들이랍니다.

부드러운 가지나물

가지는 성질이 차서 해열 효과가 있고, 혈액 순환을 돕는 식재료예요. 식물성 기름과 만나면 리놀레산과 비타민 E 흡수율을 높일 수 있지요. 찜기에 쪄 촉촉한 가지나물을 즐겨보세요.

재료

- 가지(큰 것) 2개

양념장 재료

- 간장 1t
- 다진 마늘 1t
- 올리고당(매실액) 1t
- 액젓 0.5t
- 다진 파 2t
- 참기름 2t
- 고춧가루 2t(생략 가능)

만드는 법

1 가지는 3등분한 뒤 반으로 잘라준다.

2 찜기에 열기가 오르면 가지의 껍질 쪽이 아래로 향하게 놓고 뚜껑을 닫아 5분 정도 찐다.

3 가지는 한 김 식힌 다음, 결대로 3등분으로 찢는다.

4 손으로 가지를 살살 눌러 물기를 제거한다.

5 양념장을 가지에 살살 버무려준다.

2

3

5

(TIP)

- 육수와 식초를 추가하여 가지 냉국으로 활용해도 좋아요.
- 취향에 따라 올리고당은 생략해도 돼요.
- 가지가 따뜻한 상태에서 찢어주고, 물기를 제거할 때는 비틀어 짜지 말아주세요.

맛있게, 저염식

가지나물 조림

가지를 얇게 잘라 구워 만드는 이 메뉴는 가지강정 같은 느낌이에요. 가지의 쫄깃함과 부드러움을 한번에 맛볼 수 있죠. 먹다 보면 혼자서 가지 2개를 금방 먹어버리게 된답니다.

재료

- 가지 2개(250g)
- 식용유 2t
- 참기름 1T
- 전분가루 2.5T

양념장 재료

- 간장 1T
- 조청 1T
- 맛술 2t
- 물 1T

만드는 법

1 가지는 3mm 두께로 썰어 전자레인지에 1분 돌린 뒤, 한 김 식힌다.

2 전분가루를 묻혀 버무리고, 2~3분 뒤 가지에 가루가 흡수되면 식용유를 넣어 골고루 버무려준다.

3 에어프라이에 넣고 160도로 8~10분 정도 구워준다.

4 양념장 재료를 잘 섞어 팬에 넣고 중약불로 천천히 졸인다.

5 양념장이 반 정도 줄어들면, 구운 가지를 넣어 완전히 졸인 뒤, 참기름을 넣고 버무린다.

1

2

5

TIP

- 바로 안 먹으면 물이 생기니 먹기 직전에 조리해서 맛있게 드세요.

맛있게, 저염식

노각 무침

늙은 오이라고도 하는 노각은 수분과 섬유소가 풍부해 포만감을 줍니다. 식초를 넣으면 비타민 C가 파괴되는 것을 막을 수 있어요. 수분이 많고 시원하여 여름에 먹기 좋으며 오독하면서도 아삭한 식감이 매력적이랍니다.

재료

- 손질한 노각 600g

절임 재료

- 식초 3T
- 원당 1.5T

양념장 재료

- 고춧가루 4t
- 매실액 1T
- 다진 쪽파 1T
- 고추장 0.5T
- 다진 마늘 0.5t
- 통깨 약간

만드는 법

1 노각은 세로로 반 잘라, 숟가락으로 씨를 빼고 5mm 두께로 썬다.

2 볼에 노각과 절임 재료를 넣고 1시간 동안 절인다. 중간에 몇 번 뒤적여준다.

3 면보에 절인 노각을 넣고 물기를 꼭 짠다.

4 노각에 고춧가루를 넣고 버무린 다음, 나머지 양념장을 넣고 골고루 버무린다.

(TIP)

- 쌀밥이나 소면에 노각과 들기름을 넣고 비벼 먹으면 별미예요.
- 노각을 자를 때 양끝은 쓴맛이 나므로 조금 잘라내주세요.

맛있게, 저염식

노각 나물

시어머니께 배운 노각 나물이에요. 오독한 노각무침과는 달리 부드럽고 달큰한 맛이 일품입니다. 밥 위에 올려 비벼 먹어도 맛있답니다.

재료

- 손질한 노각 400g
- 멸치육수 350ml
- 들기름 1T

양념장 A 재료

- 간장 1T
- 멸치액젓 1t
- 고춧가루 1.5T

양념장 B 재료

- 다진 파 1T
- 다진 마늘 1t

만드는 법

1. 손질한 노각은 7mm 두께로 썬다.
2. 냄비에 육수와 노각 양념장 A를 넣고 뚜껑을 닫고 끓인다.
3. 국물이 끓어오르면 중불로 낮추고 뚜껑을 닫은 채 15분간 끓인다.
4. 15분 뒤 중강불로 바꿔 뚜껑을 열어둔 채, 양념장 B를 넣고 3~4분간 끓인다.
5. 불을 끄고 들기름을 넣는다.

TIP

- 마지막에 국물이 자작하게 남을 정도로 끓여주세요.
- 바닥이 넓은 냄비를 사용해주세요. 좁고 긴 냄비는 골고루 익지 않아요.
- 육수 대신 물을 사용할 경우 멸치액젓을 0.5t 추가해주세요.
- 들기름은 취향에 따라 가감하여 넣어주세요.

tip

맛있게, 저염식

무말랭이 무침

어릴 적 가장 좋아했던 밑반찬이었어요. 오독오독한 식감이 재미도 있고, 맨밥에도 수육에도 잘 어울리는 메뉴예요. 특유의 잡내만 잘 제거하면 누구나 쉽게 만들 수 있답니다.

재료

- 무말랭이 50g
- 설탕 1t
- 통깨 약간

양념장 A 재료

- 고춧가루 4t
- 조청 4t

양념장 B 재료

- 매실액 1T
- 멸치액젓 1t
- 잘게 썬 쪽파 1T
- 다진 마늘 0.5t
- 간장 1t

만드는 법

1. 무말랭이는 뿌연 물이 안 나올 때까지 조물조물 주물러 씻은 후, 40도 미온수에 설탕과 함께 넣고 15~20분 정도 불린다.
2. 불린 무말랭이는 물기를 꼭 짜고 양념장 A를 넣어 버무린 뒤 5분간 둔다.
3. 양념장 B를 넣고 버무려준 뒤 통깨를 뿌린다.

TIP

- 무말랭이를 불릴 때 설탕을 넣어주면 특유의 냄새를 잡아줘요.
- 불리는 시간은 15~20분으로 두께에 따라 다르니, 만져보고 많이 풀어지지 않은 정도가 되면 다음 과정을 진행해주세요. 얇은 무말랭이를 사용할 경우 따로 불리지 않고 여러 번 조물조물 씻어 물기를 꼭 짜서 사용하면 됩니다.

맛있게, 저염식

무생채

달걀프라이 하나만 곁들이면, 비빔밥으로 맛있게 한끼 식사할 수 있는 반찬이에요. 기침과 인후통에 좋으며 속을 따뜻하게 해주는 무는 환절기 감기 치료뿐만 아니라 예방에도 좋아요.

재료

- 무 350g
- 고춧가루 4t
- 들기름(참기름) 약간

양념장 재료

- 원당(매실액) 1T
- 다진 마늘 0.5t
- 멸치액젓 1t
- 현미식초 4t
- 다진 파 1t
- 통깨 약간

만드는 법

1 무는 가늘게 채 썬다.
2 볼에 무와 고춧가루를 넣고 버무린다.
3 양념장 재료를 모두 더해 버무린다.
4 먹기 직전, 참기름이나 들기름을 넣는다.

TIP

- 여름 무는 맵기 때문에 무를 채 썬 다음 설탕 2t를 넣고 15~20분간 절여 물기를 살짝 제거한 뒤, 과정 2를 진행해주세요. 절이는 시간은 무의 두께에 따라 조금씩 달라져요.
- 양념장의 식초와 원당의 양은 취향에 따라 가감해주세요.

맛있게, 저염식

원추리 나물 무침

근심, 걱정을 잊게 해준다는 뜻으로 망우초라고도 불리는 원추리 나물은 넘나물이라고도 해요. 성질이 서늘하며 단맛이 나는 나물로 몸에 열이 차는 것을 치료하고 조급증을 없애 마음의 안정을 도와준다고 해요. 3~4월 이른봄에 어린순 상태에서 나물을 무쳐 먹을 수 있는데, 달큰한 맛이 매력적인 나물이에요. 짧게 맛볼 수 있는 식재료이니 제철에 꼭 드셔보세요.

재료
- 원추리 150g

양념장 재료
- 멸치액젓 1t
- 다진 마늘 0.5t
- 참기름 1t
- 매실액 2t
- 간 깨 1t

만드는 법

1 물로 깨끗하게 씻은 원추리는 끓는 물에 1~2분 정도 데친 후, 찬물에 2시간 동안 담가둔다.

2 건져낸 나물은 물기를 꼭 짠다.

3 양념장을 넣고 버무린다.

1

3

TIP

- 원추리는 사이사이에 이물질이 많으니 하나하나 씻어주세요. 뿌리 쪽에 콜히친이라는 독성이 있으므로 뿌리는 제거해주세요. 데친 후 찬물에 담가 독성을 제거해줍니다. 제철인 3~4월 이른 봄에는 독성이 있으므로 생으로 섭취하지 말아주세요.

- 초고추장을 만들어 무쳐도 좋아요.(고추장 0.5T, 식초 0.5T, 매실액 1T, 들기름 0.5T)

맛있게, 저염식

147

어린 열무나물

명절에 어머님이 간장 양념으로 어린 열무를 무쳐주셔서 먹어봤더니 된장 양념으로 한 나물보다 더 깔끔하고 맛있었어요. 홍고추를 많이 다져 넣어 살짝 매우면서도 개운한 맛이에요.

재료

- 어린(솎은) 열무 200g
- 들기름(참기름) 약간

양념장 재료

- 국간장 1.5t
- 깨 1T
- 홍고추 1개
- 다진 대파 1T
- 다진 마늘 1t
- 청고추 1개

* 국간장은 진간장 1t + 액젓 0.5t로 대체할 수 있어요.

만드는 법

1 손질한 열무는 2등분해서 끓는 물에 줄기부터 넣고 7분 정도 삶는다.

2 삶은 열무는 찬물에 빠르게 헹궈 물기를 짠다.

3 청·홍고추는 잘게 다지고, 깨는 갈아둔다.

4 양념장 재료를 골고루 섞어 열무에 버무린다.

5 들기름이나 참기름을 넣는다. (생략 가능)

TIP

- 양념장에 무치고 바로 먹는 것보다 간이 스며든 뒤에 더욱 맛있어요.
- 위 레시피는 한 끼에 먹을 분량이에요. 더 많이 만들어 비빔밥으로 먹어도 맛있어요. 비빔밥으로 먹을 경우 간장의 양을 늘려주세요.

맛있게, 저염식

149

청경채 무침

딸이 육류를 먹을 때 꼭 찾는 메뉴예요. 두부나 육류를 드실 때 김치 대신 무침을 곁들여보세요. 깔끔하고 새콤한 맛이 입안을 개운하게 해준답니다.

재료
- 청경채 200g

양념장 재료
- 고춧가루 2t
- 식초 1T
- 다진 마늘 0.5t
- 원당 0.5T
- 참기름 2t
- 액젓 1t

만드는 법

1 세척한 청경채는 30초 이내로 데쳐 찬물에 헹군 후, 물기를 제거한다.

2 볼에 데친 청경채와 양념장을 넣고 버무려준다.

TIP

- 데칠 때는 줄기 부분부터 넣어주세요.
- 식초는 기호에 따라 가감해주세요.

맛있게, 저염식

사과 오이 달래무침

봄철 많이 볼 수 있는 달래는 매우면서도 향긋한 향이 있어요. 여기에 달콤하면서도 시원한 사과와 오이를 넣어 무쳐보세요. 달래의 매운맛을 중화해주면서 맛있는 무침이 된답니다.
봄철 입맛을 돋워주는 반찬이에요. 육류에 곁들여 먹으면 느끼함을 잡아주면서 입안이 개운해져요.

재료

- 사과 1/4개
- 달래 40g
- 간 깨 1t
- 오이 1/2개(100g)

양념장 A 재료

- 원당 0.5T
- 고춧가루 2t

양념장 B 재료

- 멸치액젓 1t
- 식초 1T

만드는 법

1 손질한 달래는 4~5cm 길이로 썬다.

2 오이와 사과는 3~4mm 두께로 썬다.

3 오이와 사과를 양념장 A와 버무린 뒤, 양념장 B를 더해 버무린다.

4 달래를 넣어 가볍게 섞은 뒤, 갈아둔 깨를 넣고 살살 버무려준다.

TIP

- 달래를 마지막에 넣어야 무르지 않아요.
- 생 들기름을 넣어 밥에 비벼 먹어도 맛있어요.

맛있게, 저염식

153

고구마 줄기 무침

돼지고기 수육을 먹을 때 가장 잘 어울린다고 생각하는 메뉴예요. 고기 요리를 먹을 때는 김치보다는 여러 가지 무침을 반찬으로 곁들여 먹다 보니, 맛있는 궁합을 찾아 만들어 먹는 것을 즐긴답니다. 요즘에는 손질된 고구마 줄기도 쉽게 구할 수 있으니 고구마 줄기가 나오는 계절에 꼭 드셔보세요.

재료
- 손질한 고구마 줄기 200g

양념장 재료
- 고춧가루 2t
- 깨 2t
- 다진 마늘 1t
- 매실액 2t
- 멸치액젓 1t
- 식초 1t(생략 가능)
- 들기름 2t
- 간장 1t

만드는 법

1 손질한 고구마 줄기는 끓는 물에 넣고 4분 정도 삶는다.

2 삶은 고구마 줄기는 찬물에 헹궈 열을 식히고 물기를 꼭 짠다.

3 고구마 줄기는 5~8cm 길이로 자른다.

4 양념장을 넣고 버무린다.

2

3

4

TIP

- 과정 2에서는 고구마 줄기의 굵기에 따라 시간을 조절해주세요. 2번 사진처럼 약간 투명해질 때까지 삶아주면 돼요.
- 식초는 기호에 따라 가감해주세요.
- 고기 요리에 김치 대신 곁들이면 맛있어요.

맛있게, 저염식

155

단감 생채

9~10월이 제철인 단감은 비타민 C가 풍부하여 감기 예방에 좋아요. 단감을 좋아하지 않는 아이도 단감을 무생채처럼 무쳐주면 정말 맛있게 먹는답니다. 가을 달래를 곁들여주면 향도 맛도 더욱 좋아져요. 달래 대신 영양부추를 사용해도 맛있어요.

재료

- 단감 2개(200~250g)
- 달래 20~30g
- 식초 1T
- 고춧가루 1T
- 매실액 0.5T
- 다진 마늘 0.5t
- 액젓 1t
- 간 깨 2t

만드는 법

1 단감을 가늘게 채 썬다.
2 달래는 잘게 썬다.
3 볼에 단감과 고춧가루를 넣고 살살 버무린다.
4 매실액을 넣어 고루 섞어준 다음, 달래를 포함한 나머지 재료를 넣고 버무린다.

3

4

TIP
- 단감의 당도에 따라 매실액의 양은 가감해주세요.
- 무나 배를 함께 넣고 버무려도 맛있어요.

맛있게, 저염식

들깨 연근 버무리

샐러드 드레싱으로 곁들이려고 만든 소스를 구운 연근에 찍어 먹어보니 맛있더라고요. 연근을 즐겨 먹지 않는 남편도 좋아하는 맛이에요. 이 소스는 연근이 아닌 다른 뿌리채소나 생 채소 딥소스로 활용하셔도 좋아요.

재료

- 손질한 연근 200g

소스 재료

- 들깨가루 2T(20g)
- 간장 1.5t
- 올리고당 1t
- 들기름 0.5T

만드는 법

1 손질한 연근은 5mm 두께로 썰어 식초 1T를 푼 물에 15분간 담갔다가 흐르는 물에 씻은 다음, 물기를 제거한다.

2 예열한 팬에 식용유를 두르고 중불로 노르스름하게 굽는다.

3 소스 재료를 골고루 섞어둔다.

4 구운 연근에 소스를 넣고 버무린다.

TIP

- 연근은 반달 모양으로 자르면 한입에 먹기 좋아요.
- 단맛을 적게 넣어 짠맛이 강하게 느껴질수 있어요. 개인의 입맛에 맞춰 간장 양을 가감해주세요.
- 굽지 않고 데쳐서 조리해도 좋아요. 과정 2 대신 끓는 물에 연근을 3분 정도 데쳐 찬물에 헹궈주세요. 물기를 뺀 뒤 소스를 버무려주세요.

맛있게, 저염식

159

톳두부무침

오독오독한 식감이 매력적인 톳은 해조류 중에 칼슘 함유량이 가장 높으며, 요오드와 철분도 풍부하답니다. 제철은 3~5월이지만 요즘은 염장 톳이나 건조 톳을 쉽게 구할 수 있답니다.

재료

- 염장 톳 80~100g
- 두부 200g
- 액젓 1t
- 간장 1t
- 다진 마늘 0.5t
- 간 깨 1t
- 들기름(참기름) 1t

만드는 법

1. 염장 톳을 여러 번 씻은 후, 식초 1T를 푼 물에 30분간 담가둔다.
2. 끓는 물에 3분간 데쳐 찬물에 헹구고 물기를 제거한 뒤, 먹기 좋은 크기로 썬다.
3. 두부는 살짝 데쳐 면보에 넣고 물기를 꼭 짠다.
4. 볼에 두부, 톳, 나머지 재료를 모두 넣고 잘 버무린다.

2

4

TIP

- 과정 1의 식초는 비린 맛을 잡아줘요.
- 염장 톳은 과정 2까지 끝낸 다음, 한번에 먹을 분량씩 소분해 냉동해두었다 먹으면 편리해요.
- 톳을 너무 오랫동안 데치면 오독한 식감이 줄어들어요.

맛있게, 저염식

161

청포묵 무침

탕평채 느낌의 청포묵 무침이에요. 여러 가지 재료의 색이 어우러져 눈으로 한 번 먹고 입으로 즐길 수 있죠. 화려한 색감만큼이나 다양한 영양소를 골고루 섭취할 수 있어 좋고, 손님 접대용으로도 훌륭한 메뉴예요.

재료

- 청포묵 200g
- 미나리 50~70g
- 간장 1T
- 표고버섯 1~2개
- 당근 1/4개
- 들기름(참기름) 1T
- 달걀 1개

만드는 법

1. 청포묵은 채 썰어 끓는 물에 넣고 투명해지면 건져낸다.
2. 건져낸 청포묵은 찬물에 잠시 담갔다가 채반에 밭쳐 물기를 제거한 뒤, 간장 2t를 넣어 버무린다.
3. 표고버섯, 당근은 얇게 채 썰어 간장 0.5t씩 넣고 각각 볶아준다.
4. 달걀은 지단을 부치고, 얇게 채 썬다.
5. 미나리는 살짝 데쳐 물기를 제거하고, 한입 크기로 썰어준다.
6. 준비해둔 재료를 그릇에 담고 잘 섞은 다음, 들기름이나 참기름을 넣고 살살 버무려준다.

1

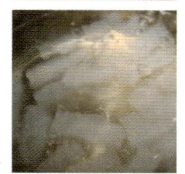

1

3

TIP

- 청포묵 대신 도토리묵으로 해도 맛있어요.
- 채소는 집에 있는 자투리 채소를 활용하세요.

맛있게, 저염식

163

꼬막 무침

어패류는 안 먹는 아이들이 꼬막은 너무 잘 먹더라고요. 꼬막 철인 11~3월이 되면 꼭 챙겨 먹여요. 성질이 차가워 갈증을 해소하고 위장을 편안하게 해주는 식재료예요. 고단백·저지방·알칼리성 식재료인 꼬막은 필수 아미노산이 골고루 들어 있어 성장기 아이들에게도 좋아요.

재료

- 꼬막 400g

양념장 재료

- 고춧가루 0.5T
- 매실액 0.5t
- 다진 홍고추 약간
- 간장 2t
- 참기름 1t
- 다진 마늘 약간

만드는 법

1 꼬막은 깨끗한 물이 나올 때까지 여러 번 씻은 후, 볼에 꼬막과 소금 0.5T를 넣고 검은 비닐봉지를 씌워 1시간 정도 해감한다.

2 해감한 꼬막은 2~3번 더 씻어준다.

3 냄비에 물이 끓어오르기 시작하면 꼬막을 넣고 한쪽 방향으로 돌리며 3~4분 가량 삶는다.

4 숟가락(티스푼)으로 꼬막 껍데기를 벗겨낸다.

5 양념장을 만들어 꼬막에 넣고 버무린다.

TIP

- 아이들이 먹을 경우 홍고추 대신 파프리카를 다져 넣어주세요.
- 꼬막 손질이 번거로우면 시중에 파는 자숙 꼬막 100g을 사용하세요.
- 꼬막을 삶을 때 한 방향으로 저어야 원심력으로 인해 껍데기 한쪽으로 살이 모여요. 이때 간장을 조금 넣어주면 단백질이 응고되어 살이 탱글탱글해져요.
- 데친 콩나물을 곁들이거나 밥에 비벼 먹을 때는 간장의 양을 조금 더 늘려주세요. 청양고추를 다져 넣어도 맛있어요.

맛있게, 저염식

오징어채 무침

쫄깃하면서도 부드러운 오징어채무침은 누구나 좋아하는 국민 밑반찬 중 하나죠. 경상도에서는 일미무침이라고도 부른답니다. 밥도둑 반찬이라 만들어두면 든든해요.

재료

- 오징어채 100g
- 마요네즈 2t
- 참기름 2t(생략 가능)
- 깻잎 5~6장

양념장 재료

- 조청 4t
- 맛술 1T
- 고추장 2t
- 고춧가루 1.5t

만드는 법

1 오징어채는 얇게 찢어 뜨거운 물에 1~2분 정도 담갔다가 물기를 제거한다.

2 깻잎은 가늘게 채 썬다.

3 팬을 예열한 후, 약불에 오징어채를 볶아 수분을 날려준다.

4 볼에 오징어채와 마요네즈를 넣고 버무린다.

5 양념장 재료를 섞어 약불에서 끓이다가 끓어오르면 불을 끄고 오징어채를 넣고 버무려준다.

6 5에 채 썬 깻잎, 참기름을 넣고 버무린다.

3

5

6

(TIP)

- 오징어채는 성분표를 확인하시고 첨가물이 없는 제품으로 먹으면 좋아요.
- 마요네즈는 생략 가능하나, 넣어주면 더 부드러워요.
- 고추장 대신 간장으로 만들어도 맛있어요. 간장 2t, 조청 2t, 원당 2t로 조절하면 돼요.

맛있게, 저염식

샐러드

가볍고 산뜻한 곁들임에는 샐러드만한 것이 없죠. 샐러드라고 해서 꼭 채소만 재료로 쓰이는 것은 아니랍니다. 다양한 재료를 조합하여 맛도 좋고 영양 밸런스도 고려한 샐러드 레시피를 모았어요.

숙주 샐러드

숙주는 녹두를 싹 틔운 나물이라 기본적으로 찬 성질을 지니고 있어 몸의 열을 떨어뜨려줘요. 풍부한 아미노산을 함유하고 있어 천연 해독제라 불릴만큼 해독 작용에도 좋지요. 아삭한 숙주의 식감을 살려 새콤달콤하게 무쳐 샐러드로 드셔보세요. 만두나 튀김에 곁들여 먹으면 기름의 느끼함을 덜어주어 잘 어울린답니다.

재료

- 숙주 200g
- 당근 1/3개(30g)
- 게맛살 70g
- 오이 1/2개(40g)

양념장 재료

- 간장 2t
- 들기름 2t
- 화이트 발사믹식초 1.5T
- 원당 1T
- 간 깨 약간

만드는 법

1 손질한 숙주는 끓는 물에 1분 30초간 데치고 채반에 넓게 펼쳐 빠르게 식힌다.
2 오이, 당근, 게맛살은 가늘게 채 썬다.
3 볼에 양념장 재료를 포함한 모든 재료를 넣고 잘 버무린다.

TIP

- 화이트 발사믹식초가 없다면 일반 식초에 원당을 약간 섞어서 사용하세요.
- 숙주의 열기를 빠르게 식혀줘야 아삭하고 물기도 제거돼요.
- 버무리면 물이 많이 생기므로 먹기 직전에 조리하세요.
- 매콤한 맛을 좋아하면 청·홍고추를 다져 넣어주세요.
- 게맛살은 끓는 물에 살짝 데쳐 찬물에 한 번 헹군 다음 사용하면 좋아요.
- 신맛과 단맛은 개인의 입맛에 맞춰 가감해주세요.
- 숙주 속의 아밀라아제는 열에 약하므로 단시간에 데치는 것이 좋아요.

맛있게, 저염식

두부 샐러드

간단하지만 두부의 담백함과 콩가루의 고소함, 시럽의 달콤함을 한번에 느낄 수 있어요. 샐러드 채소가 있다면 곁들여 먹었을 때 더 영양 만점인 메뉴예요. 아침 식사 대용으로도 훌륭하지요.

재료

- 두부 한 모
- 볶은 콩가루
- 메이플시럽(꿀) 2t

만드는 법

1 키친타월 위에 두부를 올리고, 무거운 그릇을 올려 20분 정도 물기를 뺀다.

2 반으로 가른 두부에 칼집을 내고 식용유를 골고루 바른다.

3 에어프라이어에 넣고 190도로 10~15분 정도 굽는다.

4 구운 두부 위에 메이플시럽과 콩가루를 뿌린다.

2

2

TIP

- 메이플시럽은 취향에 맞춰 가감해주세요.
- 두부가 두껍다면 2등분한 뒤, 칼집을 내고 구워주세요.
- 콩가루 대신 미숫가루, 흑임자, 들깨가루 등 다양하게 뿌려 드셔보세요.

맛있게, 저염식

두부 토마토 카프레제

이탈리아 샐러드인 카프레제는 토마토와 모짜렐라 치즈를 사용하죠. 치즈 대신 두부를 넣어 담백하고 깔끔한 샐러드를 즐겨보세요. 두부를 좋아하지 않는 분들도 맛있게 즐길 수 있답니다.

재료

- 두부 반 모
- 토마토 2개
- 바질 4g

드레싱 재료

- 들기름 1T
- 간장 1t
- 다진 양파 1T
- 올리고당 1T
- 다진 마늘 0.5t
- 후춧가루 약간
- 화이트 발사믹식초 0.5T

만드는 법

1. 두부는 끓는 물에 20초 정도 데치고 물기를 제거한다.
2. 토마토와 두부는 1cm 두께로 썰어준다.
3. 토마토, 두부, 바질을 그릇에 담고, 드레싱 재료를 모두 섞어 끼얹어 먹는다.

TIP

- 소스를 만들 때 식초와 올리고당은 취향에 맞춰 가감하세요.
- 두부는 순두부나 마른 두부, 구운 두부를 사용해도 좋아요.

맛있게, 저녁식

175

구운 브로콜리 샐러드

브로콜리 줄기까지 맛있게 먹을 수 있는 메뉴예요. 낮은 온도로 천천히 타지 않을 정도로 구워주면 브로콜리 꽃 부분은 파삭하고 줄기 부분은 꼬들꼬들한 식감이 되어 맛있답니다. 소량의 소금으로 별도의 드레싱 없이도 맛있게 드실 수 있어요.

재료

- 브로콜리 1개
- 식용유 1T
- 소금 2~3꼬집

만드는 법

1 브로콜리는 세척 후 꽃 부분은 한입 크기로 자르고, 줄기는 얇고 길게 썰어둔다.

2 찜기에 4~5분 정도 찌거나 끓는 물에 1분 이내로 데친다.

3 키친타월로 물기 제거 후, 식용유와 소금 2꼬집을 골고루 뿌려준다.

4 예열하지 않은 에어프라이어에 140도로 10~12분 정도 구워준다. 타지 않도록 중간에 뒤집어준다.

1

2

4

TIP

- 브로콜리의 꽃 부분은 타기 쉬우므로 에어프라이어 사양에 따라 시간을 가감해주세요. 줄기 부분은 5분 정도 더 구워주세요.
- 구워서 바로 먹어야 맛있어요.
- 식용유와 소금의 양은 브로콜리 크기에 따라 가감해주세요.
- 에어프라이어나 오븐이 없다면 예열한 팬에 식용유를 두르고 약불에 천천히 구워도 돼요.
- 시간이 지나 눅눅해지면 1분 정도 다시 구워주면 맛있게 드실 수 있어요.
- 마늘이나 양파 후레이크를 뿌려 먹으면 더 풍부한 맛을 즐길 수 있어요.

맛있게, 저염식

샐러드 감자피자

한국식 감자전에 소스와 샐러드 채소를 곁들이면 간식이나 한끼 대용으로 훌륭한 메뉴가 된답니다. 작은 팬에 감자전을 굽고 그 위에 샐러드 재료들을 올려 떠먹어도 좋아요. 샐러드 채소 대신 피자 토핑과 치즈를 올려 뚜껑을 닫고 익히면 피자가 되지요.

재료

- 작은 감자 2개(200g)
- 쌀튀김가루 1T
- 어린잎 한 줌
- 전분가루 1T
- 케첩 3T

* 쌀튀김가루는 쌀가루나 밀가루에 소금 1꼬집을 섞은 것으로 대신할 수 있어요.
* 케첩은 토마토소스로 대신할 수 있어요.

만드는 법

1. 감자는 동일한 굵기로 가늘게 썰어 물에 10분 담근 후, 채반에 밭쳐 물기를 제거한다.
2. 볼에 감자채, 전분가루, 쌀튀김가루를 넣고 버무린다.
3. 예열한 팬에 식용유를 넉넉히 두르고, 반죽을 2분 30초 정도 중불로 굽다가 뒤집어 2분 30초 정도 더 구워준다.
4. 다 익으면 중강불로 올려 뒤집개로 눌러주며 바삭해지게 굽는다.
5. 구운 감자전은 접시에 담고, 토마토소스나 케첩을 바른 뒤 어린잎을 올려준다.

TIP

- 채칼을 이용하여 균일한 굵기로 감자를 썰어야 골고루 잘 익어요.
- 처음에 감자채 반죽을 팬에 골고루 펼쳐 익히면서, 그 위에 식용유를 5~6방울 떨어트려주면 반죽이 잘 엉겨붙어요.
- 감자채를 중불에서 굽다가 마지막에 뒤집개로 눌러주면 바삭해져요.
- 뒤집을 때 접시를 이용하면 반듯하게 뒤집을 수 있어요.(사진 참조)
- 초간장을 만들어 전으로 즐겨도 맛있어요.

tip

맛있게, 저염식

청포묵 샐러드

청포묵을 에어프라이어에 구우면 겉은 살짝 마르면서 안은 쫀득해져 젤리 같은 식감으로 변해요. 쿠키 틀로 찍어 구워주면 아이들이 젤리라며 좋아한답니다. 청포묵을 간단하고 색다르게 즐길 수 있는 메뉴지요. 작게 잘라 구운 뒤 샐러드 채소와 곁들여 드셔보세요.

재료

- 청포묵 한 모
- 어린잎 샐러드
- 샐러드 드레싱 적당량

만드는 법

1 청포묵은 1.5cm 두께로 썰어준다.

2 예열하지 않은 에어프라이어에 180~190도로 10분 굽는다. 중간에 한 번 뒤집어준다.

3 샐러드 위에 청포묵을 올려 원하는 샐러드 드레싱을 곁들여 먹는다. (아래 TIP 참조)

TIP

- 제가 주로 만들어 먹는 드레싱의 재료 조합이에요.
    - 사과농축식초 + 생 들기름
    - 감귤농축식초 + 생 들기름
    - 유자청 + 식초 + 들기름

맛있게, 저염식

181

감자 샐러드

부드러운 감자샐러드는 그냥 먹어도 맛있고, 빵에 넣어 샌드위치로 만들어 먹으면 든든하고 맛있는 한끼가 되어요. 감자에 달걀을 더해 영양소까지 챙겼답니다. 오이절임 대신 다진 오이피클을 넣어도 맛있어요.

재료

- 감자 3개(350g)
- 삶은 달걀 2개
- 당근 1/4개(30g)
- 오이 1/2개
- 양파 1/4개(100g)
- 옥수수 병조림 30~40g
- 소금 2꼬집

*옥수수 병조림은 절임 물을 뺀 알맹이 무게입니다.

소스 재료

- 마요네즈 2~2.5T
- 꿀(올리고당) 2t
- 후춧가루 약간

만드는 법

1 감자는 껍질을 벗기고 적당한 크기로 썰어 삶는다. 젓가락으로 찔러보고 다 익으면 물을 버리고 강불로 올려 수분을 날려준다.

2 감자가 뜨거울 때 매셔로 으깬다.

3 오이는 채칼로 얇게 슬라이스한 뒤, 소금 2꼬집을 넣고 20분간 절인다.

4 양파는 곱게 다져 냉수에 10분간 담가 매운기를 제거한다.

5 당근은 곱게 다진다.

6 삶은 달걀은 칼로 다지거나 체에 내려 가루를 낸다.

7 볼에 소스 재료를 포함한 모든 재료를 넣고 골고루 버무린다.

1

2

5

맛있게, 저염식

――――――――――――――(TIP)――――――――――――――

- 케첩, 머스터드, 딸기잼 등을 취향껏 빵에 바른 뒤 감자샐러드를 넣어 샌드위치를 만들어보세요.
- 옥수수 병조림은 NON-GMO인지 확인하고 구입하세요. 병조림 대신 초당옥수수 알맹이를 사용해도 좋아요.

튀김

가끔은 기름 냄새 풍기며 바삭한 튀김 요리를 하고 싶어져요. 흔한 재료들을 색다르게 먹을 수 있는 방법이자 낯선 식재료에 대한 벽을 허물어줄 수 있는 조리법이기도 하죠.

도라지 튀김

아기 때부터 기관지가 약했던 둘째 아이를 위해 도라지를 맛있게 먹이려고 만들게 된 메뉴예요. 채를 가늘게 썰어 만들어주면 감자 스틱이냐고 물어보며 잘 먹더라구요. 사포닌이 풍부하여 기관지염에 좋고, 면역력 증진에 도움이 되는 도라지를 색다르게 즐겨보세요.

재료

- 채 썬 도라지 100g
- 달걀 흰자 1개
- 전분가루 3T

만드는 법

1 채 썬 도라지에 전분가루를 묻힌 다음, 달걀 흰자에 버무린다.
2 오목한 팬을 예열하여 식용유를 넉넉히 두르고 튀기듯 굽는다.

TIP

- 도라지는 채 썰어 쌀뜨물이나 설탕물에 30분 정도 담가둔 후, 아주 살짝 데쳐주면 쓴맛이 덜해요.
- 채를 가늘게 썰면 아이들도 부담 없이 먹을 수 있어요.
- 꿀에 찍어 먹으면 도라지의 부족한 칼로리를 보충할 수 있으며, 쓴맛을 줄일 수 있어요.
- 미리 조리했다면 먹기 전에 에어프라이어에 180도로 5분 정도 데워주면 바삭해져요.

맛있게, 저염식

187

두부 카츠

장을 보러 갈 때마다 늘 사오는 두부. 무심코 사왔다가 냉장고에 내내 방치되기 십상인 두부 한 모를 맛있게 금방 먹을 수 있어 아이들에게 자주 해주는 메뉴입니다. 두부를 4등분해서 큼직하게 만들어주면 돈까스 먹듯 칼질해가며 재미있게 먹기도 한답니다.

재료

- 두부 한 모(300g)
- 쌀가루(밀가루) 3T
- 달걀 1개
- 빵가루 8T
- 식용유 약간

소스 재료

- 소떡소떡 소스(90쪽) 적당량

만드는 법

1 두부는 한입 크기로 자른다.

2 키친타월이나 면보로 물기를 제거한다.

3 쌀가루 - 달걀 - 빵가루 순으로 튀김옷을 입혀준다.

4 두부 위에 식용유를 뿌리고 에어프라이어에 180도로 10~15분 구워준다. 중간에 한 번 뒤집어 반대편에도 식용유를 뿌려준다.

5 소스를 뿌려 먹는다.

(TIP)

- 달걀물을 입히고 잠시 두었다가 빵가루를 묻히면 떨어지지 않고 잘 붙어요.
- 미리 만들어둔 경우에는 먹기 전 에어프라이어에 살짝 데우면 바삭해져요.

맛있게, 저염식

브로콜리 들깨강정

엽록소가 풍부한 브로콜리는 우리 몸에 필요한 영양소를 골고루 가지고 있어요. 기름에 볶으면 비타민 A의 흡수력이 높아지지요. 소량의 식용유로 에어프라이어에 담백하게 구워 달달한 강정으로 만들어보세요. 들깨가루를 넣어 고소하답니다.

재료

- 브로콜리 1개
- 쌀튀김가루 2t
- 들깨가루 2t
- 전분가루 4t

* 브로콜리는 줄기를 제외하고 250g 정도를 사용합니다.
* 쌀튀김가루는 전분가루로 대체할 수 있어요.

조림장 재료

- 간장 2t
- 맛술 2t
- 물 2T
- 조청 1T

만드는 법

1 세척한 브로콜리는 한입 크기로 잘라 전분가루와 쌀튀김가루를 섞은 것에 버무린다.

2 브로콜리에 식용유 1T를 넣고 버무린 뒤, 에어프라이어에 180도로 5~10분간 굽는다.

3 조림장 재료를 팬에 넣고 약불에 졸이다 반 정도 줄어들면 브로콜리를 넣고 덮어준다.

4 불을 끄고 들깨가루를 넣어 골고루 버무려준다.

TIP

- 쌀튀김가루 대신 전분가루 2T를 넣어도 됩니다.
- 간장 대신 소떡소떡 소스(90쪽 참조)로 대체해도 맛있어요.

맛있게, 저염식

아스파라거스 소고기 카츠

소고기에 부족한 비타민과 식이섬유를 채워주는 아스파라거스. 아스파라긴산이 풍부하여 단백질 합성을 도와주며, 특유의 쌉싸름한 맛이 자칫 느끼할 수 있는 고기의 느끼함을 잡아줘요. 튀기는 것이 번거롭다면 구워서 간장 양념장에 조려 먹어도 맛있답니다.

재료

- 아스파라거스 100g
- 소고기(불고기용) 120g
- 쌀가루(밀가루) 약간
- 달걀 1개
- 빵가루 4~5T

만드는 법

1. 아스파라거스는 밑동을 2~3cm 잘라낸 후 감자 필러로 껍질을 벗겨 끓는 물에 15초 이내로 데치고 찬물에 헹궈준다.
2. 고기를 펼쳐 윗면에 쌀가루를 고루 발라준 후, 아스파라거스를 올려 돌돌 말아준다. 좁은 면에서부터 돌돌 말아줘야 구웠을 때 잘 붙는다.
3. 롤 상태의 고기에 쌀가루 - 달걀 - 빵가루 순으로 튀김옷을 묻혀준다.
4. 표면에 식용유를 뿌려 에어프라이어에 넣고 180도로 10분 정도 굽는다.
5. 한 김 식혀 먹기 좋은 크기로 썰어준다.

TIP

- 미니 아스파라거스를 사용할 경우 과정 1을 생략하고 밑동만 1~2cm 잘라 과정 2부터 조리하면 돼요.

맛있게, 저검식

연근 강정

연근으로 만드는 요리 중 가족들이 가장 좋아하는 요리예요. 고추장의 매콤달콤함과 들깨가루의 고소함에 연근의 아삭함이 더해져 매력적이랍니다. 심플한 재료 조합으로 연근을 특별하게 즐겨보세요.

재료

- 연근 200g
- 전분가루 3T

소스 재료

- 고추장 2t
- 조청(올리고당) 2t
- 물 4t
- 들깨가루 2t

만드는 법

1. 손질한 연근은 5mm 두께로 썰어 식초 1T를 푼 물에 10분 담갔다 끓는 물에 2분 정도 데친다.
2. 데친 연근은 찬물에 헹구고 물기를 제거한다.
3. 연근에 전분가루를 넣고 잘 버무린다.
4. 예열한 팬에 식용유를 두르고 중불에서 연근을 굽는다.
5. 구운 연근은 잠시 다른 접시에 옮겨두고, 소스 재료를 넣고 약불로 끓인다.
6. 소스가 바글바글 끓어오르면 불을 끄고 구워둔 연근을 넣어 잘 버무린다.

3

6

6

(TIP)

- 취향에 따라 들기름을 조금 더해 버무려도 맛있어요.

맛있게, 저염식

우엉 튀김

일본 여행 중에 먹었던 우엉튀김이 너무 맛있어서 집에서 만들기 시작했어요. 우엉을 얇게 자르는 것이 포인트예요. 바삭하면서도 뿌리채소 특유의 고소함과 담백함을 느낄 수 있답니다. 심플한 메뉴이지만 간식으로 만들어주면 앉은자리에서 금방 다 먹어버리게 되는 매력적인 맛이에요. 뿌리채소를 싫어하는 분도 맛있게 드실 수 있을 거예요.

재료

- 우엉 200g
- 튀김가루 1T
- 전분가루 1T
- 찹쌀가루(전분) 1T
- 식초 1T

만드는 법

1. 껍질을 벗겨 씻은 우엉은 2mm 두께로 어슷썰거나 필러로 얇게 슬라이스한다.
2. 볼에 식초 1T와 물을 섞어 우엉을 15분간 담가두고 튀김가루, 전분가루, 찹쌀가루를 잘 섞어둔다.
3. 우엉 물기를 잘 털고 가루를 골고루 묻혀준다.
4. 오목한 팬에 식용유를 붓고 170도로 1분간 튀겨 건져낸 뒤, 한 김 식혀 다시 50초~1분간 튀겨준다.

2

4

4

TIP

- 우엉튀김은 우동 고명으로 올려 먹어도 별미예요.
- 식은 튀김은 에어프라이어에 넣고 180도로 3분 정도 데우면 다시 바삭해져요.
- 필러로 얇게 슬라이스해서 만들 경우, 과정 4에서 튀기는 시간을 20초씩 단축시켜주세요.

맛있게, 저염식

197

감자 크로켓

저희 집은 늘 감자가 많아요. 감자를 빨리 먹어야 할 때 마음 먹고 크로켓을 만들어두면, 감자를 맛있게 즐기면서 금방 먹을 수 있어요. 찐감자는 잘 먹지 않는 아이들이라 이렇게 만들어 간식으로 주면 잘 먹는답니다. 도시락 반찬으로도 유용한 메뉴예요.

재료

- 감자 300g
- 당근 50g
- 양파 50g
- 옥수수 병조림 50g
- 마요네즈 2t
- 치즈 약간
- 달걀 1개
- 쌀가루(밀가루)
- 빵가루

* 감자는 껍질을 제외한 무게입니다.
* 옥수수 병조림은 물기를 뺀 무게입니다.

만드는 법

1 감자는 물에 삶고, 익으면 볼에 넣고 으깬다. (182쪽 감자샐러드 레시피 과정 1에서 수분 날리는 법 참고)

2 당근과 양파는 잘게 다져 팬에 한번 볶은 후 식힌다. (볶는 과정 생략 가능)

3 볼에 감자, 볶은 채소, 옥수수, 마요네즈를 넣고 잘 섞는다.

4 반죽을 조금씩 떼어 둥글넓적하게 빚은 다음, 가운데 구멍을 내고 치즈를 넣는다.

5 쌀가루 - 달걀 - 빵가루 순으로 묻혀준다.

6 오일 스프레이를 사용하여 반죽 표면에 기름을 뿌리고, 에어프라이어에 180도로 8~10분 정도 굽는다.

TIP

- 과정 3에서 수분이 많으면 전분가루를 조금 넣어주세요.
- 넉넉히 만들어 냉동 보관했다가 먹어도 좋아요.
- 칠리소스나 케첩을 곁들이면 맛있어요.

맛있게, 저염식

마늘소스 연근스틱

알싸하면서도 달콤한 마늘소스와 연근이 잘 어우러지는 메뉴예요. 의외의 조합이지만 너무 맛있어서 순식간에 다 먹어버리곤 해요. 마늘 입자가 살아 있게 빻아야 맛있어요. 매운맛이 어려운 아이들은 곱게 다진 마늘을 소량 넣거나 생략하고 만들어주세요.

재료

- 연근 200g
- 마늘 1T
- (쌀)튀김가루 1T

소스 재료

- 꿀 1T
- 간장 0.5T
- 레몬즙 1t

만드는 법

1 입자를 살려 빻은 마늘과 소스 재료를 그릇에 모두 넣고 잘 섞는다.

2 연근은 5cm 길이로 자른 뒤, 세로 방향(스틱 모양)으로 썬다.

3 연근을 식초 1T를 푼 물에 10분 담갔다가 헹궈내고, 물기를 제거한다.

4 튀김가루를 골고루 묻힌다.

5 예열한 팬에 식용유를 넉넉하게 두르고 연근을 튀기듯 구워준다.

6 접시에 연근을 담고, 소스를 찍어 먹거나 연근 위에 뿌려 버무려 먹는다.

TIP

- 소스는 먹기 직전에 뿌려주세요.
- 튀김을 바로 먹지 않을 경우 먹기 전 에어프라이어에 살짝 데워주면 바삭해져요.
- 과정 2에서 연근을 2분 정도 데쳐 사용하면 조금 더 부드러우면서 아삭한 식감을 즐길 수 있어요.
- 소스는 미리 만들어두면 마늘과 다른 재료들이 잘 어우러져요.

맛있게, 저염식

두릅 카츠

다른 채소에 비해 단백질 함량이 높고, 비타민 A, B, C 함량이 높아 원기 회복에 탁월한 효과가 있는 두릅은 특유의 쌉쌀한 향이 있어 호불호가 강한 식재료이기도 해요. 데쳐서 초장에 찍어 먹는 것이 식상하다면, 두릅의 향과 고기의 풍미가 잘 어우러지는 이 메뉴를 한번 만들어보세요. 두릅이 나오는 계절마다 꼭 해 먹는 메뉴 중 하나예요.

재료

- 두릅 200g
- 달걀 1개
- 빵가루 약간
- 돼지고기 400~500g
- 쌀가루(밀가루) 약간

* 돼지고기는 돈까스용을 사용합니다.

만드는 법

1. 손질한 두릅은 끓는 물에 1분 정도 데쳐 찬물로 헹군 후 물기를 제거한다.
2. 돈까스용 고기는 망치로 두들겨 얇게 펴준다.
3. 고기 안쪽에 쌀가루를 묻힌 후, 두릅을 넣고 돌돌 말아준다.
4. 롤 상태의 고기에 쌀가루 - 달걀 - 빵가루 순으로 튀김옷을 입힌다.
5. 식용유를 뿌리고, 180도로 예열한 에어프라이어에 20~25분 정도 굽는다.

TIP

- 고기를 말고 끝부분 안쪽에 달걀물을 살짝 묻혀 고기를 고정해주세요.
- 구울 때 롤의 끝부분이 아래로 향하게 두고 먼저 구워주면 잘 붙어요.

맛있게, 저염식

203

고구마 줄기 강정

한창 고구마 줄기에 빠져 있을 때, 지인이 튀겨 먹어보라는 말 한 마디에 만들었던 메뉴예요. 고구마 줄기에 풍부한 비타민 A는 지용성 비타민으로 기름과 함께 섭취하면 흡수율이 높아져요. 흔히 무침이나 나물, 김치로 많이 먹지만 색다르게 즐기고 싶을 때, 부드러운 돼지고기를 섞어 강정으로 만들어보세요. 고기의 부드러움과 고구마 줄기의 아삭함이 어우러지는 메뉴예요. 아이들 간식으로도 좋지요.

재료 (15g씩 20개 분량)

- 고구마 줄기 150g
- 파프리카 50g
- 전분가루 1T
- 돼지고기 다짐육 100g
- (쌀)튀김가루 1T

* 고구마 줄기는 손질 후 무게입니다. 삶아서 준비해주세요.

밑간 재료

- 맛술 0.5T
- 간장 1t
- 후춧가루 약간

소스 재료

- 물 2T
- 간장 2t
- 조청 1T

만드는 법

1 삶은 고구마 줄기와 파프리카는 잘게 다진다.

2 돼지고기는 키친타월로 핏기를 제거하고, 밑간 재료에 버무려둔다.

3 볼에 모든 재료를 넣고 잘 치댄 다음, 15g씩 떼어 동글동글하게 빚어준다.

4 식용유를 뿌리고, 예열하지 않은 에어프라이어에 170도로 10~15분 정도 굽는다. 중간에 뒤집어준다.

5 오목한 팬에 소스 재료를 넣고 중불로 끓이기 시작해 액체가 반 정도로 줄어들면 강불로 올려 구워둔 강정을 넣고 빠르게 덮어준다.

맛있게, 저염식

TIP

- 과정 3에서 잘 치대줘야 점성이 생겨 재료가 겉돌지 않고 잘 붙고 맛도 좋아요.

전

부침 요리를 할 때 저는 부침가루나 밀가루 등을 최소한으로 쓰면서 주재료 고유의 맛과 풍미를 최대한 살리려 노력해요. 이렇게 하면 영양가 섭취에도 좋고 식감도 다채로운 부침 요리를 가족들과 즐길 수 있답니다. 가루류를 많이 쓰지 않고도 흩어지지 않는 부침 요리 레시피를 알려드려요.

늙은 호박전

경상도에서 태어나고 자란 저는 어릴 때 엄마가 늙은 호박전을 자주 만들어주셨어요. 결혼하고 보니, 주로 경상도에서만 만들어 먹는 음식이더라고요. 달큰하면서 쫄깃한 식감이 매력적이에요. 늙은 호박은 채 썰어 소분하여 냉동 보관하면 유용해요.

재료 (5cm 지름 10장 분량)

- 손질한 호박 200g
- 마스코바도(원당) 1t
- 쌀튀김가루 2T

* 쌀튀김가루는 부침가루로 대체할 수 있어요.

만드는 법

1 손질한 늙은 호박은 채칼을 사용하거나 칼로 얇게 채 썬다.

2 채 썬 호박에 마스코바도를 넣고 골고루 섞은 후 10분간 절인다.

3 쌀튀김가루를 넣고 손으로 조물조물 버무려준다. 절인 호박에서 물이 많이 나올 경우, 손으로 물기를 살짝 짠다.

4 예열된 팬에 식용유를 두르고 반죽을 조금씩 뭉쳐 중불에서 노릇하게 굽는다.

TIP

- 너무 오래 부치게 되면 반죽이 늘어지므로 중불에서 굽다가 마지막에 중강불로 올려 겉면을 바삭하게 익혀주세요.
- 오래 두면 전이 질어지니 부친 후 바로 드세요.

맛있게, 저염식

들깨 두릅 메밀전

4~5월이 제철인 두릅은 산나물의 제왕이라고도 불려요. 두릅이 가진 특유의 향과 쌉쌀한 맛에 메밀과 들깨의 고소함을 더해 전으로도 맛있게 즐길 수 있답니다. 두릅 줄기에는 독성이 있으니 잘 익혀 드세요.

재료

- 데친 두릅 300g
- 메밀가루 6T
- 육수(물) 70ml
- 들깨가루 2T

만드는 법

1 두릅을 제외한 재료를 볼에 넣고 잘 섞는다.
2 손질한 두릅은 1분 이내로 데쳐 찬물에 헹군 뒤, 물기를 꽉 짜고 반죽에 버무린다.
3 예열한 팬에 식용유를 두르고 약불로 앞뒷면을 천천히 굽는다.

2

3

--- TIP ---

- 메밀가루와 육수는 미리 섞어 냉장고에 1~2시간 넣어두면 점성이 생겨 더 맛있어요.

맛있게, 저염식

매생이전

청정 해역에서만 채집되는 매생이는 칼슘, 요오드, 철분 등 각종 미네랄을 다양하게 함유하고 있어요. 철분 함량도 우유보다 40배가 많아 빈혈에도 좋아요. 단, 찬 성질이므로 몸이 냉한 사람은 많이 섭취하면 복통, 설사를 유발할 수 있으니 조심해주세요. 일반적인 매생이전과 달리, 가루를 최소한으로만 넣어 매생이 향이 풍부하며, 빵과 떡의 중간 식감을 가진 통통한 매생이전이에요. 한끼 간식으로도 좋은 메뉴예요.

재료 (5cm 지름 10장 분량)

- 매생이 170g
- 쌀가루 2T
- 물(육수) 80ml
- 쌀튀김가루 1T

* 매생이는 물기를 뺀 무게입니다.
* 쌀가루는 밀가루로, 쌀튀김가루는 부침가루로 대체할 수 있어요.

만드는 법

1 매생이는 물에 여러 번 흔들어 씻은 뒤 물기를 꽉 짠다.

2 칼로 사방 3cm 크기로 잘라준다.

3 볼에 쌀튀김가루와 쌀가루, 그리고 물을 섞어 잘 개어놓고 매생이를 넣어 섞는다.

4 예열한 팬에 식용유를 두르고 약불로 천천히 굽는다.

2

3

4

--- **TIP** ---

- 제철이 11~5월인 매생이는 한번에 쓸 분량만큼 소분하여 냉동 보관하면 철이 지나도 사용할 수 있어 좋아요.
- 반죽이 너무 질어지지 않도록 물은 조금씩 섞어가며 넣어주세요.

맛있게, 저염식

213

무전

무를 잘 먹지 않는 딸을 위해 만들어보았던 전이에요. 무나물은 안 먹는 아이가 무전은 맛있다며 금방 한 접시를 비우더라고요. 무생채, 무나물과는 다른 무의 매력을 느낄 수 있어요. 무가 달달한 10~12월에 꼭 한번 만들어보세요.

재료

- 무 150~200g
- 전분가루 약간

초간장 소스 재료

- 간장 1t
- 식초 0.5t
- 간 깨 0.5t
- 물 1t
- 원당 0.5t
- 다진 쪽파 1t

만드는 법

1 무는 반달 모양으로 4mm 두께로 썬다.

2 끓는 물에 넣고 2~3분간 데친 뒤, 채반에 밭쳐 물기를 제거한다.

3 무에 전분가루를 골고루 묻혀준다.

4 예열한 팬에 식용유를 두르고, 중약불로 전을 부친다.

5 바닥 면이 어느 정도 익으면 뒤집어 마저 익힌다.

6 초간장 소스를 만들어 찍어 먹는다.

(TIP)

- 따뜻할 때 먹어야 맛있어요.
- 무를 썰 때 모서리를 둥글게 다듬어주면 전을 부치고 나서 뭉개지지 않아요.
- 고명 장식을 하려면 과정 5에서 한 번 뒤집고 고명을 올려준 다음 다시 뒤집어 고명을 전에 고정해주세요. 살짝만 익혀야 고명이 타지 않아요.

맛있게, 저염식

묵전

무침과는 다른 식감으로 묵을 즐겨보세요. 전분가루를 입혀 한 번 구운 묵전은 겉은 바삭하고, 속은 쫀득한 맛이 일품이에요. 칼로리도 낮고 간단하게 만들 수 있어서 좋은 메뉴랍니다.

재료

- 도토리묵 150g
- 청포묵 150g
- 전분가루 2T

만드는 법

1. 묵은 가로·세로 각각 4cm, 두께 1~1.5cm 크기로 썬다.
2. 표면에 전분가루를 골고루 묻힌다.
3. 예열한 팬에 식용유를 두르고, 약불로 천천히 굽는다.

TIP

- 초간장을 만들어 찍어 드세요.(214쪽 참조)
- 구울 때 간격이 너무 좁으면 서로 달라붙을 수 있으니, 간격을 두고 부쳐주세요.

맛있게, 저염식

217

비트 감자전

가을에서 초겨울이 제철인 비트는 베타인이라는 색소가 포함되어 있어 세포 손상을 억제하고, 항산화 작용으로 염증을 완화하는 효과가 있습니다. 생으로 섭취하면 흙 냄새와 흙 맛이 강하지만, 열을 가하면 단맛이 올라와 부담 없이 맛있게 먹을 수 있답니다. 감자와 섞어 전으로 부쳐 먹으면 색도 맛도 좋지요.

재료

- 감자 2개(220~250g)
- 양파 1/4개(40g)
- 전분가루 1T
- 비트 70~80g
- 쌀튀김가루 2T

*쌀튀김가루는 부침가루로 대체할 수 있어요.

만드는 법

1 가루를 제외한 나머지 재료를 믹서기에 넣고 갈아준다.

2 1에 가루를 섞는다.

3 예열한 팬에 식용유를 두르고 중약불에서 천천히 굽는다.

(TIP)

- 가루는 처음부터 다 넣지 말고, 반죽의 묽기에 따라 가감하여 넣어주세요.
- 감자와 비트는 3:1 비율로 넣어주면 맛있어요.

맛있게, 저염식

219

세발 나물전

갯벌에서 염분과 함초를 먹고 자란 세발나물에는 미네랄과 칼슘이 풍부해요. 식감이 매력적인 봄나물이지요. 주로 샐러드나 무침으로 즐겨 먹지만, 특유의 오독하고 아삭한 식감을 살려 전으로 부쳐도 맛있답니다.

재료 (5cm 지름 10장 분량)

- 세발나물 100g
- 채 썬 오징어 50g

반죽 재료

- 쌀튀김가루 1T
- 쌀가루 1T
- 물 2T

* 쌀튀김가루는 부침가루로 대체할 수 있어요.

만드는 법

1 세발나물은 흐르는 물에 흔들며 2~3번 깨끗하게 씻은 후 물기를 털어준다.

2 나물을 잘게 자른 뒤, 오징어와 반죽 재료를 넣고 잘 섞어준다.

3 예열한 팬에 약불로 천천히 구워준다.

TIP

- 오징어 대신 새우나 돼지고기 다짐육을 넣어도 좋아요.

맛있게, 저염식

우엉 찹쌀전

몸에 좋은 뿌리채소를 다양한 조리법으로 만들어 먹는 걸 좋아해요. 식이섬유의 함량이 채소 중 으뜸인 우엉으로 만든 이 메뉴는 사찰음식 중 하나예요. 우엉 특유의 쌉쌀한 맛과 아삭함이 돋보이는 전이지요. 쓴맛이 부담스럽다면 조청이나 꿀을 곁들여 드셔보세요.

재료

- 우엉 200g
- 물 2T
- 쌀튀김가루 1T
- 식초 1T
- 찹쌀가루 2T

* 쌀튀김가루는 부침가루로 대체할 수 있어요.

만드는 법

1 우엉은 필러로 껍질을 벗긴 후 5cm 간격으로 자른 뒤, 볼에 물과 식초 1T를 넣고 15분간 담가둔다.

2 믹서기에 우엉과 물 2T를 넣고 갈아준다.

3 간 우엉과 가루 재료들을 섞는다.

4 예열한 팬에 식용유를 두르고, 중약불에 굽는다.

5 1분 30초 정도 굽다가 뒤집어 완전히 익힌다.

2

3

4

TIP

- 우엉은 껍질을 벗기지 않고 깨끗하게 씻어 그대로 사용해도 좋아요.
- 우엉을 믹서기에 갈 때, 입자가 조금 살아 있는 것이 식감이 좋아요.
- 우엉을 강판에 갈게 되면 물을 생략하고 가루를 줄여주세요.
- 굽다가 뒤집을 때 모양이 흐트러져도 뒤집개로 모아서 눌러주면 모양이 잘 잡혀요.

맛있게, 저염식

찰옥수수전

솜씨 좋으신 시어머니로부터 새로운 반찬을 하나씩 배워 응용해서 만들어보기도 해요. 예전에 자주 만들어 드셨다는 찰옥수수전! 찰옥수수 알맹이 자체의 찰기와 전분만으로 쫀득한 전이 되지요.

재료

- 찰옥수수 2개
- 쌀튀김가루 1T
- 물 4T

* 찰옥수수는 알맹이 무게가 250g 정도 되면 돼요.
* 쌀튀김가루는 부침가루로 대체할 수 있어요.

만드는 법

1 옥수수는 칼이나 손으로 알맹이만 분리하여 물 4T와 함께 믹서기에 넣고 간다.

2 간 옥수수에 쌀튀김가루를 넣고 잘 섞은 다음, 일정한 크기로 빚는다.

3 예열한 팬에 식용유를 두르고, 약불에 천천히 굽는다.

2

tip

3

TIP

- 찐 옥수수보다는 생 옥수수를 사용하는 게 좋아요. 곱게 갈수록 전분기가 많이 생겨 쫀득한 식감의 전이 됩니다.
- 빚은 반죽 양면에 식용유를 바르고 에어프라이어에 170도로 10~15분 구워도 좋아요.
- 반죽의 질감은 사진을 참고해주세요.

맛있게, 저염식

225

초당 옥수수전

수확 시기가 비슷한 옥수수와 완두콩이 한번에 많이 생겨 빨리 먹으려고 전으로 구워보니 정말 맛있었어요. 초당 옥수수의 아삭 달콤함과 완두콩의 고소 담백함에 튀김가루를 넣어 바삭함까지 더했답니다.

재료

- 초당 옥수수 1개(100g)
- 쌀튀김가루 1T
- 물 1~2T
- 삶은 완두콩 100g
- 찹쌀가루 2T

* 쌀튀김가루는 튀김가루로 대체할 수 있어요.

만드는 법

1. 초당 옥수수는 전자레인지에 2분 돌린 뒤, 세로로 세워 칼로 알맹이만 분리한다.
2. 볼에 물과 가루를 섞고, 옥수수와 완두콩을 더해 골고루 섞는다.
3. 예열한 팬에 식용유를 넉넉히 두르고 약불로 천천히 굽는다.

2

3

TIP

- 완두콩과 옥수수는 1대1 비율로 해줍니다.
- 반죽이 묽으면 재료가 흩어지므로 서로 엉겨붙을 정도의 반죽 농도가 좋아요.

맛있게, 저염식

227

브로콜리전

브로콜리를 안 먹던 둘째 아이가 처음으로 잘 먹었던 메뉴예요. 그 이후로는 찐 브로콜리도 잘 먹고 있답니다. 제 주변의 브로콜리 안 먹는 아이들도 이 방법으로 먹기 시작했다는 이야기들이 들려올 만큼, 간단하지만 참 좋은 메뉴예요.

재료

- 브로콜리 1개
- 달걀 1개

만드는 법

1. 세척한 브로콜리는 꽃과 줄기 부분을 나눈다.
2. 꽃 부분은 두께 1cm의 한입 크기로 썬다.
3. 달걀을 잘 풀어준 뒤, 브로콜리를 넣고 달걀물을 골고루 적신다.
4. 예열한 팬에 식용유를 두르고 중불에서 브로콜리를 굽는다.
5. 한쪽 면이 익으면 뒤집어주고, 뒤집개를 이용하여 꽃 부분을 지그시 눌러준다.

2

3

5

TIP

- 브로콜리를 납작하게 썰고, 구울 때 끝을 눌러줘야 달걀물이 잘 스며들어 맛있어요.
- 줄기 부분은 얇고 길게 썰어 남은 달걀물에 적셔 같이 구우면 버리는 부분도 없고 영양소도 풍부하게 섭취할 수 있어요.
- 케첩을 곁들이면 더욱 맛있어요.

맛있게, 저염식

229

비지전

비지찌개를 좋아하지 않는 가족들을 위해 전으로 만들어봤는데 반응이 너무 좋아 그 뒤로 자주 만들어 먹어요. 단백질과 칼슘이 풍부한 비지전은 남녀노소 모두가 좋아할 만한 메뉴예요. 비지 특유의 비릿한 향을 싫어하는 우리집 아이들도 맛있게 먹는답니다.

재료

- 비지 300g
- 다진 파 2T
- 쌀튀김가루 2T
- 돼지고기 다짐육 300g
- 다진 김치 1.5T
- 쌀가루 1T
- 맛술 2t

*쌀튀김가루는 튀김가루로, 쌀가루는 밀가루로 대체할 수 있어요.

만드는 법

1 돼지고기는 키친타월로 핏기를 닦고 맛술을 넣어 골고루 섞는다.

2 볼에 모든 재료를 넣고 골고루 섞으며 충분히 치댄다.

3 반죽은 20g씩 동글납작하게 빚어준다.

4 예열한 팬에 식용유를 두르고 중불에서 천천히 굽는다.

TIP

- 비지의 수분 양에 따라 들어가는 가루의 양을 조절해주세요. 수분이 너무 없는 비지는 쌀가루를 빼고, 수분이 너무 많은 비지는 수분을 조금 짜낸 뒤 사용해야 합니다. 반죽을 만졌을 때 빚어지는 정도로 만들어주면 됩니다.

맛있게, 저염식

231

육전

육전은 기름이 적은 부위로 만들어 담백하면서도 부드럽고 연해서 모두가 사랑하는 메뉴예요. 고기 식감에 예민한 우리집 둘째 아이도 아주 잘 먹는답니다. 따뜻할 때 먹어야 맛있는 육전은 샐러드나 겉절이를 곁들여 먹으면 더 맛있어요.

재료

- 소고기(육전용) 250g
- 간장 1t
- 밀가루 2T
- 달걀 2개
- 찹쌀가루 2T
- 청·홍고추 각 1개
- 맛술 1T

*육전용 소고기는 일반적으로 홍두깨살을 사용해요.

만드는 법

1 소고기를 펼쳐 살살 두드리며 힘줄을 끊어주고, 키친타월로 꾹꾹 눌러 핏물을 제거한다.

2 맛술과 간장을 골고루 발라 15분간 재운다.

3 청·홍고추는 가늘게 채 썰어 찬물에 5분간 담갔다 키친타월로 물기를 제거한다.

4 밀가루와 찹쌀가루를 섞고, 달걀은 잘 풀어둔다.

5 가루 - 달걀 순으로 소고기에 묻혀준 뒤 식용유를 두르고 예열한 팬에 올려 중약불로 부친다.

6 고명을 올려주고, 핏물이 올라오면 뒤집어준다.

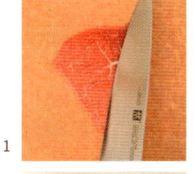
1

5

6

TIP

- 과정 1에서 소고기 힘줄을 끊어줘야 구울 때 전이 수축되지 않아요.
- 중약불에 구워야 타지 않고 색이 예쁘게 나와요.
- 소고기에 가루를 묻힐 때, 너무 두껍지 않게 주의하며 골고루 묻혀주세요.
- 찹쌀가루와 밀가루의 비율은 취향대로 바꿔도 괜찮아요.

맛있게, 저염식

콩가루 쑥전

쑥 향에 익숙하지 않은 아이들을 위해 아이들이 좋아하는 볶은 콩가루를 넣어 전을 만들어봤어요. 두 재료의 조합이 너무 좋았고, 아이들이 참 잘 먹었어요. 이 음식으로 아이들이 쑥을 친근하게 느끼게 되었죠. 딸이 '떡과 전의 중간 식감'이라고 표현하더라고요. 작게 만드는 것보다는 조금 큼직하게 만들어 드셔보세요.

재료 (15cm 지름 3장 분량)

- 쑥 100g
- 볶은 콩가루 2T
- (쌀)튀김가루 2T
- 물 70~80ml

만드는 법

1 쑥은 깨끗하게 세척한 후 물기를 털고, 물을 넣어 믹서기에 갈거나 칼로 잘게 다져준다.

2 1을 볼에 붓고 가루 재료들을 넣어 골고루 섞는다. 과정 1에서 칼로 다졌을 경우 물은 이때 넣는다.

3 예열한 팬에 식용유를 두르고 반죽을 얇게 펼쳐 중불에서 굽는다.

4 다 익으면 강불로 올려 겉을 바삭하게 익혀준다.

2

3

TIP

- 굽고 오래 두면 전이 질어질 수 있어 바로 먹어야 맛있어요.
- 물은 한번에 다 넣는 것보다 반죽의 상태를 보면서 조금씩 추가해주시면 좋아요. 왼쪽 사진의 반죽 질감을 참고해서 반죽이 묽으면 (쌀)튀김가루를 추가해주세요.

맛있게, 저염식

카레 연근전

연근을 워낙 좋아하고 자주 먹는 집이라 다양한 방법으로 주려고 하는 편이에요. 카레가루를 넣어 은은한 카레 향이 코를 자극하고 맛도 좋은 메뉴예요. 다른 양념장 없이 이대로 먹어도 맛있답니다.

재료

- 손질한 연근 150g
- 쌀가루(밀가루) 1T

반죽물 재료

- 쌀가루(밀가루) 1.5T
- 카레가루 1.5T
- 물 50ml

만드는 법

1 손질한 연근은 식초 1T를 푼 물에 10분 정도 담갔다가 7mm 두께로 썬다.

2 연근을 끓는 물에 2~3분 정도 데친 후, 찬물에 헹궈 물기를 제거한다.

3 볼에 연근과 쌀가루 1T를 넣고 골고루 버무린다.

4 연근을 다른 접시에 옮겨 담고, 반죽물 재료를 볼에 넣고 잘 섞는다.

5 예열한 팬에 식용유를 두르고 반죽물에 버무린 연근을 중불에 천천히 굽는다.

3

4

5

TIP

- 연근을 반죽물에 넣고 버무린 후, 잘 털어줘야 고르고 예쁘게 구울 수 있어요.

맛있게, 저염식

237

롤

흔한 재료들도 예쁘게 요리하건 근사한 식사의 주인공이 되기도 하지요. 생기 있고 보기 좋은 식사를 차려내기 위한 저의 비장의 무기들이랍니다. 손님 대접에도 유용한 롤 메뉴들을 몇 가지 모아보았어도.

애호박 떡말이

한 번 구워 달큰해진 애호박에 쫀득한 가래떡을 넣고 돌돌 말았어요. 칠리소스나 조청을 곁들이거나 샐러드에 넣어 드셔보세요. 한 끼 식사로 먹어도 속이 든든하답니다. 주키니호박이나 가지를 얇게 저며 같은 방법으로 응용할 수 있어요.

재료

- 애호박 1개
- 굵은 가래떡 4개

만드는 법

1. 애호박은 필러로 얇게 저민다.
2. 팬을 예열하고 약불로 애호박 양면을 살짝 굽는다.
3. 애호박을 세로로 길게 나란히 놓아두고, 그 위에 가래떡을 올려 돌돌 말아준다.
4. 애호박의 너비에 맞춰 썰어준다.

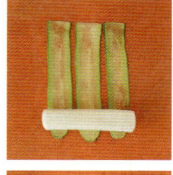
3

3

TIP

- 가래떡을 애호박으로 돌돌 말고 난 뒤, 마른 팬에 구워도 좋아요.
- 다른 재료와 함께 꼬치에 끼워 드셔도 좋아요.
- 쫀득하고 굵은 가래떡일수록 더 맛있습니다.
- 소스는 샐러드 드레싱 또는 칠리소스 제품을 활용하세요.

맛있게, 저염식

두부면 김말이

단백질 함량이 높고, 칼로리가 낮아 다이어트에도 도움이 되는 두부면은 저희 집에서 애용하는 식재료예요. 사리나 샐러드, 소면 대용으로 먹다가 조금 색다르게 먹어보고 싶어 만들어보았어요. 채소를 곁들여 영양가를 채워주면서 눈으로 먼저 먹게 되는, 예쁘고 담백한 메뉴랍니다. 두부면은 메밀면으로 대체해도 좋아요. 셀프 김밥처럼 가족 각자 취향에 따라 직접 만들어 먹으면 즐거운 시간이 될 거예요.

재료

- 두부면 100g
- 파프리카 1개
- 당근 1/2개
- 달걀 2개
- 무순 40g
- 김 10장
- 쯔유 1T(30쪽 참조)

양념장 재료

- 쯔유 약간

만드는 법

1 물기를 제거한 두부면에 쯔유를 넣고 잘 버무려둔다.

2 달걀지단을 부쳐 잘게 다지고 파프리카, 당근은 채 썬다.

3 김 위에 재료들을 올리고 돌돌 만다.

4 쯔유에 찍어 먹는다.

TIP

- 과정 1을 생략해도 되지만 쯔유로 약간의 간을 해주면 맛이 겉돌지 않고 조화로워요.
- 김은 마끼용 김이나 잘 찢어지지 않는 김을 사용해주세요. 김밥용 김은 길게 2등분해서 쓰면 돼요.
- 두부면의 수분을 최대한 제거해야 김이 눅눅해지지 않아요.
- 채소는 냉장고 사정에 따라 오이, 당근, 맛살 등 다양하게 활용하세요.

맛있게, 저염식

양배추롤

손이 많이 가지만 먹어보면 고단함이 사르르 녹아요. 이 메뉴 하나만으로도 든든한 한끼가 되고요. 부드럽고 연한 양배추와 고기, 토마토소스의 조합이 환상적이랍니다. 완자 재료는 소고기 대신 두부의 양을 늘리거나, 닭가슴살을 다져 넣으면 더 담백하게 즐길 수 있어요. 간단하게 떡갈비 재료를 넣어도 좋아요.

재료

- 양배추 12장
- 토마토소스 200ml(332쪽)
- 케첩 3T

완자 재료

- 두부 200g
- 애호박 1/3개
- 간장 2t
- 소고기 다짐육 100g
- 양파 1/3개

소고기 밑간 재료

- 맛술 1t
- 원당 1t
- 간장 1t

만드는 법

1 양배추는 랩을 씌워 전자레인지에 3분 돌린 후, 굵은 심 부분을 칼로 도려낸다.

2 소고기는 밑간 재료에 버무려 10분 정도 두고 애호박, 양파는 잘게 다진다.

3 두부는 끓는 물에 살짝 데치고 면보로 물기를 꼭 짠다.

4 완자 재료를 볼에 넣고 5~10분간 치대준 뒤, 40~50g씩 소분한다. 물기가 많으면 쌀가루를 조금 넣어준다.

5 양배추 위에 완자 재료를 넣고 돌돌 말아준다.

6 말려진 양배추의 끝부분이 바닥을 향하도록 오븐 그릇에 담는다.

7 케첩과 토마토소스를 섞어 위에 뿌려준다.

8 오븐에 170도로 25분간 굽는다.

9 구워진 양배추롤 위에 치즈를 뿌려 5분간 더 구워준다.

맛있게, 저염식

> **TIP**
> - 에어프라이어에 구울 경우 윗면이 마를 수 있으므로, 과정 7에서 소스 1/3은 남겨뒀다가 중간중간 끼얹어주세요.
> - 시판 토마토소스를 사용할 경우 케첩의 양을 줄이거나 생략해주세요.

훈제오리 호박잎쌈

어느 날 쌈밥하려고 쪄둔 호박잎에 애매하게 남아 있는 식재료들을 모아 돌돌 말아 먹었더니 정말 매력적인 맛이었어요. 그날 이후 호박잎이 나오는 계절에는 꼭 해 먹는 메뉴가 되었답니다. 호박잎은 항암 효과가 뛰어나고 체내의 산화물질을 없애주며 비타민과 섬유소가 풍부한 식재료예요. 호박잎에 부족한 단백질을 훈제오리로 채워주면 맛도 영양도 최고죠.

재료

- 훈제오리 200g
- 파프리카 2개
- 새송이버섯 2개
- 호박잎 10~15장
- 쌈무 10~15장

소스 재료

- 연겨자 0.5t
- 식초 1t
- 올리고당 0.5t
- 간장 1t

* 연겨자 대신 홀그레인 머스터드를 사용해도 돼요.

만드는 법

1 손질한 호박잎은 찜기에 4분간 찌고 넓게 펼쳐 식힌다.

2 새송이버섯을 길게 4등분으로 자른 뒤 찜기에 넣고, 그 위에 훈제오리를 올려 10분간 찐다.

3 찐 버섯과 파프리카는 적당한 크기로 채 썰어준다.

4 호박잎을 펼치고 쌈무를 올린 다음, 훈제오리와 채소를 적당량 넣어 돌돌 말아준다.

TIP

- 호박잎을 넓게 펼쳐 식혀야 색이 선명해요.
- 과정 2에서 훈제오리는 찌는 대신 물에 살짝 데쳐도 좋아요.
- 훈제오리는 소고기나 두부 등 다른 단백질 재료로 대체해도 좋아요.

맛있게, 저염식

247

쌈두부 채소말이

쌈두부의 쫄깃함과 아삭한 채소의 식감이 어우러지는 메뉴예요. 식물성 단백질과 채소를 한번에 챙길 수 있지요. 색감도 예쁘고 맛도 좋아 손님상에 내어놓아도 손색이 없는 메뉴랍니다.

재료

- 쌈두부 1팩(80~100g)
- 오이 1/2개
- 빨강·노랑 파프리카 각 1/2개
- 영양부추(부추) 약간

만드는 법

1 파프리카와 오이는 같은 길이로 채 썬다.

2 부추는 끓는 물에 넣고 숨이 죽을 때까지 10초 정도 데친다.

3 쌈두부를 펼쳐 파프리카와 오이를 넣고 돌돌 말아준다.

4 부추를 감아서 묶어 고정시킨다.

(TIP)

- 길게 썬 너비아니를 함께 말았어요. 훈제오리나 맛살을 넣어도 맛있어요.
- 쌈두부는 NON-GMO 제품으로 구입하세요.
- 칠리소스와 잘 어울려요.

맛있게, 저염식

249

죽·국·탕

한식에 빠질 수 없는 죽, 국, 탕. 저염식을 하게 되면 국을 많이 먹지는 않지만, 가끔은 뜨듯한 국이나 탕이 당길 때가 있어요. 제가 자주 만드는 메뉴들을 모았어요.

밤 타락죽

타락죽의 타락은 말린 우유라는 뜻으로, 찹쌀과 우유로 만든 죽이에요. 우유가 귀했던 옛날에는 영양죽 대접을 받았죠. 이 레시피는 찹쌀 대신 찹쌀가루, 그리고 간 밤을 이용하여 쉽고 맛있게 만드는 밤 타락죽이랍니다. 아침에 간단하게 먹기 좋은 메뉴예요.

재료

- 간 밤 200~250g
- 우유 200ml
- 찹쌀가루 3T
- 물 400~500ml

*우유는 두유로 대체할 수 있어요.

만드는 법

1 냄비에 밤과 물을 넣고 10~15분 끓인다.

2 밤이 익으면 매셔로 으깨주거나, 핸드블렌더로 곱게 갈아준다. (밤을 건져내지 않고 끓인 물을 그대로 사용한다.)

3 우유에 찹쌀가루를 넣고 잘 풀어둔다.

4 냄비에 우유를 넣고 약불에서 10~15분간 눋어붙지 않게 잘 저으며 끓인다.

5 원하는 농도가 되면 불을 끈다.

TIP

- 밤을 삶을 때 거품은 걷어주세요.
- 원당이나 꿀은 취향에 맞춰 넣어주세요.
- 밤 대신 고구마를 넣어도 맛있고, 우유와 찹쌀가루로만 간단하게 만들어도 좋아요.
- 밤은 핸드블렌더로 곱게 갈아준 다음 체에 한 번 걸러주면 아주 곱고 부드러운 죽이 되어요.

맛있게, 저염식

늙은 호박죽

늙은 호박에 두유를 넣으면 더 고소하고 부드러워져요. 죽을 즐겨 먹지 않는 우리집 아이들이 사랑하는 메뉴랍니다. 늙은 호박 한 통으로 죽 해드시고 전도 꼭 해보세요.(208쪽 늙은 호박전 참조)

재료

- 늙은 호박 400g
- 두유 160ml
- 마스코바도 0.5T
- 물 150ml

* 마스코바도는 원당으로 대체하거나 생략할 수도 있어요.
* 두유는 우유로 대체할 수 있어요.

찹쌀물 재료

- 찹쌀가루 2T
- 물 3T

만드는 법

1. 늙은 호박은 깍둑썰기한다.
2. 냄비에 호박과 물 150ml를 넣고 뚜껑을 닫은 채 중약불로 10분간 끓인다.
3. 익은 호박은 매셔나 핸드블렌더로 곱게 으깬다.
4. 찹쌀물 재료를 섞어두고, 냄비에 두유와 마스코바도를 넣고 잘 섞은 뒤 찹쌀물을 조금씩 넣으며 뭉치지 않게 잘 풀어준다.
5. 약불 상태로 중간중간 저어가며 15분 정도 끓인다.

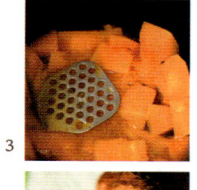
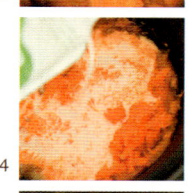
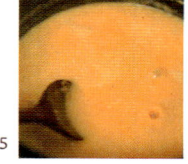

TIP

- 팥배기나 완두배기가 있으면 넣어주시면 더욱 맛있어요.
- 호박의 당도에 따라 마스코바도(원당)의 양은 가감해주세요.
- 찹쌀가루를 미리 물에 잘 풀어두지 않으면 뭉칠 수 있으니 가루가 보이지 않을 정도로 잘 개어주세요.
- 마지막은 원하는 농도가 되었을 때 불을 끄면 됩니다. 기호에 따라 시간을 가감해주세요.

맛있게, 저염식

경상도식 소고기 뭇국

경상도 사람들이 즐겨 먹던 빨간 소고기뭇국이 요즘은 지역 불문 모든 사람이 사랑하는 메뉴가 되었어요. 경상도 사람인 저도 어릴 때부터 즐겨 먹던 국이랍니다. 콩나물과 무가 들어가 시원하고, 고춧가루를 넣어 얼큰함까지 더한 국이에요.

재료

- 멸치육수 1.2L
- 양파 100g(1/2개)
- 콩나물 100~150g
- 소고기(사태/양지) 200~250g
- 대파 1.5대
- 청주 1T
- 무 250~270g

양념 재료

- 식용유 1T + 고춧가루 1T
- 멸치액젓 1T
- 다진 마늘 0.5T
- 고춧가루 1T(양념용)

* 고추기름을 직접 만들기 위한 식용유 1T + 고춧가루 1T는 고추기름 1T로 대신해도 됩니다.

만드는 법

1 소고기는 찬물에 20분 담가 핏물을 빼고 키친타월로 물기를 닦는다.

2 대파와 양파는 채 썰고, 무는 큼직하고 어슷하게 썰어 준비한다.

3 육수를 냄비에 넣고 끓어오르면 소고기와 청주 1T를 넣고 중불에서 10분, 중약불에서 20분간 끓인다.

4 고기를 삶는 동안 예열된 팬에 식용유 1T를 넣고 약불에서 고춧가루 1T를 볶는다.

5 그릇에 액젓, 고춧가루, 4에서 볶은 고춧가루, 다진 마늘을 섞는다.

6 삶은 고기는 건져내어 결대로 찢어주고 준비된 채소와 양념을 넣고 끓어오르면 중불로 낮춰 20분간 뚜껑을 닫고 뭉근하게 끓인다.

7 손질한 콩나물을 넣고 뚜껑을 열어둔 상태로 5분간 끓인다.

맛있게, 저염식

---- TIP ----

- 고사리나 버섯, 토른대를 추가하여 넣어도 맛있습니다.
- 과정 4를 고추기름으로 대체할 수 있어요. 고추기름 사용 시에는 과정 5의 고춧가루 용량을 1T에서 2T로 변경해주세요.
- 청양고추를 추가해도 맛있어요.

미역국

저염 미역국이지만 멸치육수를 사용하여 깊은 맛이 납니다. 남편도 맛있다며 리필하는 국이죠. 저염 국에 익숙하지 않은 분들도 분명 맛있게 즐길 수 있는 국이에요. 참기름은 오래 가열하지 않기 위해 마지막에 추가해 드시는 걸 추천해요.

재료

- 소고기(국거리용) 400g
- 마른 미역 25g
- 멸치액젓 2t
- 멸치육수 1.5L

* 소고기는 사태나 양지를 쓰면 됩니다.

만드는 법

1 마른 미역을 물에 담가 30분 정도 불린 다음, 부드러워지면 두세 번 헹군 뒤 채반에 밭쳐 물기를 제거한다.

2 냄비에 육수를 넣고 끓어오르면 소고기를 넣고 40분~1시간 끓여준다.

3 미리 불린 미역은 적당한 크기로 썰어 액젓에 버무려둔다.

4 고기를 건져 손으로 찢어주고 미역과 함께 넣어 30분 정도 더 끓인다.

1

4

TIP

- 먹기 전 참기름을 조금 둘러 드세요.
- 과정 1에서 고기를 삶은 후 뚜껑을 닫고 그대로 두었다가 식힌 후 고기를 찢으면 더욱 부드럽고 잘 찢어져요.
- 멸치육수를 따로 만들기 번거롭다면 과정 3에서 국물용 멸치 15~20마리를 육수팩에 넣고 30분간 함께 끓인 뒤 멸치만 건져내면 돼요.

맛있게, 저염식

당면 달걀국

둘째 아이가 가장 사랑하는 국이에요. 만들기 아주 쉬우니 분식을 먹거나 간단하게 곁들일 국이 필요할 때 만들어보세요. 두부나 물만두를 추가해도 맛있답니다. 꼭 한번 드셔보셨으면 하는 메뉴 중 하나예요.

재료

- 당면 20~25g
- 달걀 1개
- 간장 4t
- 멸치육수 500~600ml
- 대파(쪽파) 2/3대
- 후춧가루 약간

만드는 법

1 당면은 40도의 미온수에 20~30분 정도 부드러워질 때까지 담가둔다.

2 파는 5cm 길이로 잘라 가늘게 채 썬다.

3 달걀은 알끈을 제거하고 잘 풀어둔다.

4 냄비에 육수를 넣고 끓어오르면 당면, 간장, 파를 넣는다.

5 당면이 익으면 달걀을 넣고 1~2분 뒤 불을 끈다.

6 그릇에 담고 후춧가루를 뿌린다. (생략 가능)

1

4

5

TIP

- 달걀을 넣을 때에는 조금씩 주루룩 흘리듯 넣고, 젓지 않아야 국물이 깔끔해요.

- 멸치육수 대신 소고기나 닭고기 육수를 사용해도 좋아요.

맛있게, 저염식

261

에그 수프

일반 달걀국에 전분물을 넣어 달걀찜과 국을 동시에 먹는 듯한 느낌의 국이에요. 간장은 조금씩 넣어 입맛에 맞춰주세요. 게살을 넣어도 맛있어요.

재료

- 달걀 2개
- 멸치육수 500~600ml
- 맛술 0.5T
- 전분물(전분 0.5T+물 1T)
- 영양부추(파) 5~10g
- 간장 1~2t

만드는 법

1 달걀은 잘 풀어둔다.

2 냄비에 육수를 넣고 끓어오르면 전분물, 맛술, 간장을 넣는다.

3 중불에서 3~5분 정도 끓이다가 국물이 걸쭉해지면 불을 끄고, 풀어둔 달걀을 천천히 붓는다.

4 영양부추나 파를 썰어 넣는다.

맛있게, 저염식

도토리 들깨탕

도토리 임자탕이라 부르기도 하는 이 메뉴는 SNS로 알게 된 지인 분이 알려주셨어요. 맛집은 못 가봤지만 집에서 만들어 먹어보니 너무 맛있더라고요. 멸치육수의 감칠맛과 도토리가루의 떫으면서도 쫀득함, 그리고 고소한 들깨가루가 조화롭게 어우러지는 메뉴예요.

재료

- 도토리가루 60g
- 우리밀가루 60g
- 물 80ml
- 멸치육수 600ml
- 감자 1개
- 당근 1/4개
- 느타리버섯 40g
- 달걀지단(달걀 2개)
- 김가루
- 들깨가루 4~5T
- 액젓 1t
- 간장 1t

만드는 법

1. 볼에 도토리가루와 밀가루를 넣고 물을 조금씩 넣어가며 잘 섞는다. 반죽이 손에 묻어나지 않을 정도로 반죽한다.
2. 잘 치댄 반죽은 냉장실에 1시간 정도 넣어둔다.
3. 채소를 채 썬다.
4. 육수를 냄비에 넣고 끓이다가 끓어오르면 채소를 넣고 익힌다.
5. 채소가 익으면 반죽을 조금씩 떼어내어 냄비에 넣는다. 반죽이 동동 떠오르면 액젓과 간장을 넣어 간한다.
6. 들깨가루를 넣고 한 번 부르르 끓인 뒤, 불을 끈다.
7. 그릇에 담고 지단과 김가루를 올려 먹는다.

2

4

5

6

맛있게, 저염식

─── TIP ───

- 도토리가루 대신 들깨가루를 사용해도 좋아요.
- 마지막에 넣는 들깨가루는 취향에 따라 가감해주세요. 들깨가루의 입자가 고울수록 목 넘김이 좋아요.
- 채소는 집에 있는 자투리 채소를 사용하면 돼요. 애호박을 넣을 경우 감자나 당근 등 단단한 채소를 먼저 넣고 살짝 익었을 때 애호박을 넣어주세요.

감자 옹심이 청포묵국

감자 옹심이국을 끓이려다 애매하게 남은 청포묵을 넣었는데 의외로 괜찮은 조합이었어요. 옹심이와 청포묵의 쫄깃함이 어우러져 맛있고 재미있는 식감의 국이에요.

재료

- 청포묵 150g
- 감자 옹심이 150g
- 양파 1/3개
- 애호박 1/3개
- 당근 1/4개
- 멸치육수 600ml
- 멸치액젓 2t~1T
- 들깨가루 약간

* 멸치액젓은 국간장으로 대체할 수 있어요.

만드는 법

1 채소는 채 썬다.
2 청포묵은 사방 1cm 크기로 깍둑썰기한다.
3 냄비에 육수를 넣고 끓어오르면 감자 옹심이를 넣는다.
4 옹심이가 떠오르면 채 썰어둔 채소를 넣고 끓인다.
5 멸치액젓을 넣어 간을 한다.
6 채소가 익으면 청포묵을 넣고 청포묵이 투명해지면 불을 끈다.
7 들깨가루를 넣고 먹는다.

3

4

6

TIP

- 채소는 집에 있는 자투리 채소를 활용해도 좋아요.
- 감자 옹심이는 냉동 제품을 사뒀다 필요할 때마다 꺼내 사용하면 간단하게 만들 수 있어요.(20쪽 추천 제품 참고)
- 들깨가루는 취향에 따라 사용해주세요.

맛있게, 저염식

유부 주머니 어묵탕

유부 주머니는 여기저기 요긴하게 쓰이는 아이템이에요. 한번 만들 때 넉넉하게 만들어 냉동 보관해두면 어묵탕, 전골 요리 등에 활용하기 좋답니다. 물에 데쳐 칠리소스에만 찍어 먹어도 맛있어요. TIP을 활용하여 속 재료를 취향대로 대체하여 만들어보세요.

유부 주머니 재료

- 당면 150g
- 미나리(부추) 50g
- 간장 2t
- 사각 유부 10장

유부 주머니 만드는 법

1 30분간 물에 불려둔 당면을 잘게 다져 간장을 넣고 버무린다. (당면은 끓는 물에 10분간 삶아 익혀도 된다.)

2 미나리는 끓는 물에 살짝 데친다.

3 유부는 끓는 물에 3분 정도 데친 후, 찬물에 헹궈 물기를 꼭 짠다.

4 유부의 한쪽만 끝부분을 칼로 자른 뒤, 손으로 벌려준다.

5 유부 속에 당면을 50~60%만 채운 뒤, 유부 끝을 손으로 모아 미나리를 돌돌 감아준다.

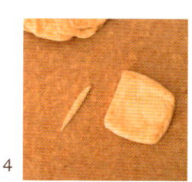

어묵탕 재료

- 멸치육수 600ml
- 어묵 150g
- 액젓 0.5t
- 무 100g
- 유부 주머니 4개
- 원당 0.5t
- 대파 1/2대
- 간장 1t
- 맛술 0.5T

어묵탕 만드는 법

6 무는 0.3cm 두께로 나박썰기, 파는 어슷썰기한다. 어묵은 뜨거운 물에 살짝 데쳐둔다.

7 냄비에 육수를 넣고 육수가 끓어오르면 무를 넣고 5분 정도 끓인다.

8 무가 투명해지면 어묵, 유부 주머니, 파, 원당, 맛술을 넣고 간장과 액젓을 넣어 간을 맞춘다.

9 중불에서 5~10분 정도 끓이다 불을 끈다.

맛있게, 저염식

> TIP

- 당면 대신 집에 남은 잡채나 우엉잡채(128쪽), 으깬 두부, 떡갈비 반죽을 넣어도 맛있어요.
- 유부 속을 너무 많이 채우면 터질 수 있으니 조심해주세요.
- 어묵을 넣고 끓이면 처음보다 국물의 염도가 올라가니 간을 조절하세요.
- 후추나 원당, 떡 사리, 쑥갓, 청양고추를 추가해도 좋아요.
- 간장, 액젓 대신 쯔유(30쪽) 60ml를 넣어도 좋아요.

한 그릇 메뉴

한 그릇 안에 탄수화물, 지방, 단백질을 골고루 담아 간편하면서도 든든하게 먹을 수 있는 메뉴들이에요. 한 그릇으로 차릴 때도 맛과 영양가를 모두 놓치지 않으려 항상 신경 쓴답니다.

떠먹는 청포묵 국수

청포묵을 면처럼 가늘게 채 썰어 국수처럼 드셔보세요! 녹두의 찬 성질이 체내의 열을 내리는 작용을 하므로 여름철 더위 해소에 좋아요. 얼음을 넣어 시원하게 먹어도 좋답니다. 칼로리도 낮아 부담 없이 즐길 수 있는 메뉴예요.

재료

- 청포묵 한 모(400g)
- 애호박 60g
- 당근 30g
- 달걀 1개
- 김가루 약간
- 멸치육수 600~700ml

양념장 재료

- 간장 1T
- 다진 파 1T
- 매실액 1t
- 고춧가루 1t
- 들기름(참기름) 1t
- 깨 0.5t

만드는 법

1 애호박과 당근은 돌려깎기한 다음, 가늘게 채 썰어 각각 팬에 볶는다.
2 달걀은 잘 섞어 지단을 부친 후, 가늘게 채 썬다.
3 청포묵은 가늘게 채 썰어 끓는 물에 넣고 투명해질 때까지 데친다.
4 건져낸 청포묵은 찬물에 식힌 후, 채반에 밭쳐 물기를 제거한다.
5 양념장 재료를 섞어둔다.
6 그릇에 청포묵과 고명을 담고 육수와 김가루, 양념장을 넣어 섞어 먹는다.

2
3
4

TIP

- 밥을 조금 추가하여 넣어 먹어도 맛있어요.
- 육수를 미리 살짝 얼려두었다가 살얼음 상태로 넣어 먹어도 좋아요.
- 매콤하게 드시고 싶다면 간장 대신 고추장을 넣어도 좋아요.

맛있게, 저염식

273

애호박 국수

애호박이 제철일 때 강원도 시댁에 가면 어머님이 가끔 해주시던 메뉴예요. 혼자 애호박 하나는 거뜬히 먹을 수 있겠더라고요. 한식파 우리집 아이들은 밥에 비벼 먹는 것도 좋아한답니다.
달달한 애호박으로 꼭 한번 만들어 드셔보세요.

재료

- 애호박 1개(280g)
- 현미국수 250~300g
- 멸치육수 600~700ml
- 들기름 1t

* 현미국수는 통밀국수나 일반 소면으로 대체해도 좋아요.

양념장 재료

- 멸치액젓 1t
- 다진 파 1t
- 고춧가루 2t
- 간장 1t
- 다진 마늘 1t
- 매실액 2t

만드는 법

1 애호박은 길이 5cm, 두께 0.5cm 간격으로 채 썰어준다.

2 예열한 팬에 식용유를 두르고 애호박을 중강불에서 2분 정도 볶는다.

3 양념장을 더해 강불에서 1분 정도 빠르게 볶은 다음, 숨이 죽으면 불을 끄고 들기름을 넣어 섞는다.

4 국수를 삶는다.

5 멸치육수에 삶은 국수와 볶은 애호박을 넣어 섞어 먹는다.

2

3

3

TIP

- 육수를 많이 넣어 물 국수로 즐겨도 좋아요.
- 여름에는 얼음을 넣어 시원하게 먹어도 좋아요.
- 국수의 간이 심심하면 간장 1t를 추가해주세요.
- 애호박을 볶을 때 너무 숨이 죽지 않도록 주의하세요.
- 국수에 따라 삶는 방법이 다르니 제품의 조리법을 따라주세요.

맛있게, 저염식

가지 덮밥

가지를 좋아하지 않는 남편과 둘째 아이가 잘 먹는 메뉴예요. 가지와 돼지고기의 만남은 맛도 좋지만 영양 궁합도 좋은 조합이에요. 돼지고기는 가지의 비타민 E의 흡수율을 높여주고, 가지에 부족한 지방, 단백질을 채워주는 역할을 하죠. 덮밥으로 만들면 가지가 부드러워져 먹기 좋답니다.

재료 (2인 분량)

- 큰 가지 1개(160g)
- 양파 1/3개
- 다진 마늘 1t
- 돼지고기 다짐육 100g
- 다진 파(쪽파) 2T
- 참기름 2t

고기 밑간 재료

- 맛술 1t
- 생강가루 0.5t

조림장 재료

- 간장 1T
- 물 2T
- 맛술 0.5T
- 원당 2t

만드는 법

1. 돼지고기는 밑간을 해서 10분 정도 둔다.
2. 가지는 연필 깎듯이 썰고, 양파는 채 썬다.
3. 예열한 팬에 식용유를 두르고 파와 마늘을 넣어 볶다가 돼지고기를 더해 강불에 볶는다.
4. 고기가 90% 익으면 가지와 양파를 넣고 볶다가 가지의 숨이 어느 정도 죽으면 조림장 재료를 넣고 중불에 조리듯 볶는다.
5. 조림장이 촉촉하게 스며들면 불을 끄고 따뜻한 밥 위에 올려 참기름을 넣어 비벼 먹는다.

TIP

- 조림장에 미소된장을 1t 정도 넣어주면 더 맛있어요.
- 고춧가루나 고추를 조금 다져 넣어도 맛있어요.

맛있게, 저염식

머위대 덮밥

머위는 수분이 가장 많은 채소이며 미네랄과 비타민이 풍부해요. 뿌리는 염증 억제에 탁월하여 약재로도 쓰이죠. 생김새는 고구마 줄기와 비슷하게 생겼지만 속이 비어 있고 향이 있어요. 머위 향에 익숙치 않은 분들도 덮밥으로 만들면 거부감 없이 맛있게 드실 수 있을 거예요.

재료

- 손질한 머위대 250~300g
- 돼지고기 다짐육 150g
- 다진마늘 1t
- 멸치액젓 1t
- 간장 2.5t
- 원당 2t
- 멸치육수 2t
- 들기름 2t
- (저염) 다진 김치 1T
- 전분물(전분 1T+물 2T)

고기 밑간 재료

- 맛술 2t
- 후춧가루 약간
- 생강가루 약간

만드는 법

1. 다짐육은 키친타월로 핏기를 제거하고 10분간 밑간해둔다.
2. 손질한 머위대는 한입에 먹기 좋게 잘게 썬다.
3. 예열한 팬에 식용유 1t를 두르고 다진 마늘과 돼지고기를 넣어 강불에 볶는다. 물기가 생기면 볶으면서 날려준다.
4. 고기가 익으면 들기름을 제외한 나머지 재료를 넣고, 중약불에 5분 정도 조린다.
5. 전분물을 넣고 잘 저어주다가 원하는 질감이 되면 불을 끈다.
6. 따뜻한 밥 위에 얹고 들기름을 뿌려 먹는다.

2

3

5

TIP

- 시중에 파는 저염 김치를 사용할 경우 간장을 0.5t 추가하고, 일반 김치를 사용하는 경우에는 간장 양을 0.5t 줄여주세요.

맛있게, 저염식

연잎밥

손님 대접이나 선물용으로도 좋은 연잎밥. 압력솥이나 전기밥솥으로 쉽게 할 수 있어요. 연잎 제철은 7~8월이에요. 제철에 인터넷으로 구입하여 연잎밥과 연잎수육으로 1년 동안 사용해요. 한번 만들어두면 다른 반찬 필요 없이 데우기만 하면 든든하고 맛있답니다. 고명은 집에 있는 재료들을 활용하여 만들어보세요.

재료

- 연잎 10장(작은 사이즈)
- 멥쌀 1컵
- 잡곡 약간
- 찹쌀 4컵

고명 재료

- 잣, 은행, 땅콩, 밤, 연근, 대추, 단호박, 견과 등

만드는 법

1. 전기밥솥이나 압력솥에 쌀과 물의 비율을 1대1로 맞춘 뒤, 밥을 짓는다.
2. 연잎은 흐르는 물에 한 번 씻은 뒤, 물기를 닦는다.
3. 고명은 취향대로 준비하여, 적당한 크기로 자른다.
4. 연잎 위에 밥 200g을 담고 그 위에 고명을 올려준다.
5. 연잎을 잘 감싼 뒤, 마지막은 꼬치로 고정한다.
6. 김이 오른 찜기에 넣고 20~30분 정도 찐 뒤 불을 끄고 약간 뜸을 들였다가 뚜껑을 연다.

3

4

5

5

6

맛있게, 저염식

― TIP ―

- 땅콩을 고명으로 사용할 경우 물에 20~30분 불렸다가 5분 정도 삶은 다음 넣어주세요.
- 찹쌀, 멥쌀, 잡곡의 비율은 취향에 따라 바꿔도 좋아요.
- 찹쌀 100%로 할 경우, 밥을 할 때 소금 1t를 넣어주면 더욱 맛있어요.
- 연잎에 담는 밥의 양은 개인차가 있으니 가감해주세요.
- 진한 연잎 향을 좋아하면 30분, 적당한 연잎 향은 20분 정도 쩌주세요.
- 연잎 사이즈가 큰 경우 2~3등분해서 사용하고, 남은 연잎은 한 장씩 접어 비닐팩에 넣은 후 지퍼백에 담아 냉동 보관하면 좋아요.
- 남은 밥은 냉동 보관했다가 다시 찌거나 전자레인지에 데워 드세요.

따로 비빔밥

섞어 먹는 비빔밥을 좋아하지 않는 둘째 아이를 위해 만들기 시작한 밥이에요. 특별한 재료가 아닌, 냉장고 사정에 맞게 있는 재료를 잘게 다져 넣기만 해도 좋아한답니다. 눈으로 먼저 즐기는 기분 좋은 메뉴예요. 저염식을 하다보면 심심한 간에 가끔 지겨울 때가 있는데 그럴 때 힐링되는 메뉴랍니다.

재료

- 소고기(불고기용) 150g
- 파프리카 1/2개(100g)
- 달걀 2개
- 당근 1/3개(100g)
- 그린빈 100g
- 간장 1T

소고기 밑간 재료

- 맛술 1t
- 간장 1t
- 원당 0.5t

만드는 법

1 키친타월로 핏기를 뺀 소고기는 밑간 재료를 넣고 골고루 섞어 10분 두었다가 팬에 볶는다.

2 채소는 잘게 다지고 예열한 팬에 식용유를 두르고 각각 볶는다. 이때 간장을 1t씩 넣어준다.

3 달걀은 지단을 부치고 가늘게 채 썬다.

4 그릇에 밥과 볶아둔 재료를 따로 담는다.

TIP

- 소고기 대신 떡갈비나 물기를 제거한 두부를 으깨 사용해도 좋아요.
- 채소는 양파, 버섯, 애호박, 가지, 샐러드 채소 등 집에 있는 채소를 활용해 주세요.
- 각 재료를 볶을 때 간장을 넣어도 되고, 참기름 혹은 들기름과 간장을 섞어 양념장을 만들어 곁들여도 좋아요.
- 달걀은 지단 대신 스크램블로 만들어 넣어도 좋아요.

맛있게, 저염식

절임·겉절이

식사의 개운하고 시원한 포인트가 되어주는 절임과 겉절이. 일반적으로 소금과 설탕을 많이 써서 만들지만 저염 식단에서는 이 두 가지를 모두 줄이면서도 맛과 식감을 잘 살리는 것이 중요하죠. 김치보다 덜 짜고 피클보다 덜 달아 건강한 레시피들입니다.

방울 토마토 매실절임

한식과 양식에 두루두루 어울리는 곁들임 메뉴예요. 1~2일 안에 먹을 양만 만들어 그때그때 바로 먹어야 맛있어요. 물을 섞어 만들어서 당 부담도 줄이면서 국물까지 맛있게 먹을 수 있는 레시피예요.

재료

- 방울토마토 400g
- 매실액 적당량
- 물 적당량
- 레몬 20g

만드는 법

1 방울토마토는 + 모양으로 칼집을 내고, 끓는 물에 10초 정도 데친 뒤 찬물에 담근다.

2 방울토마토 껍질을 까서 슬라이스로 썰어둔 레몬과 함께 소독한 병에 담는다.

3 병의 반 정도 높이까지 매실액을 채우고 반은 물을 채운다.

4 뚜껑을 닫고 매실액와 물이 잘 섞이게 살살 아래위로 흔들어준다.

5 반나절 상온에 두었다가 냉장고에 넣어두고 시원하게 먹는다.

1

3

TIP

- 매실액과 물은 병 크기에 따라 양이 달라지므로 1대1 비율만 기억해주세요.
- 매실액은 가열하게 되면 구연산이 파괴되므로, 가열하지 않고 사용합니다.
- 여름에는 시원하게 얼음을 곁들여 먹으면 맛있어요.

맛있게, 저염식

당근 라페

김밥이나 샌드위치 속 재료로 활용하기도 좋고, 샐러드에 드레싱이나 피클 대신 곁들여도 좋아요. 당근은 싫어해도 당근라페는 모두가 좋아할 만한 메뉴죠.

재료

- 당근 2개(180g)
- 식초 2T
- 올리브오일 2T
- 원당 1T(올리고당)
- 홀그레인 머스터드 1T

만드는 법

1 당근은 채칼로 얇게 채 썬다.

2 채 썬 당근은 식초와 원당을 넣고 버무려 10분간 절인다.

3 홀그레인 머스터드, 올리브오일을 넣고 섞어준다.

4 소독한 병에 담아 냉장고에 넣고 3~4시간 뒤에 먹는다.

1

3

TIP

- 당근은 가늘게 채 썰면 간이 더 배어 맛있어요.
- 과정 2에서 당근을 절인 뒤, 당근에 수분이 많은 경우 손으로 살짝 수분을 짜도 돼요.

맛있게, 저염식

무염 쌈무

소금 없이 새콤달콤한 맛으로도 충분히 맛있게 즐길 수 있는 메뉴랍니다. 3주 정도 냉장 보관 가능하니 고기 요리의 곁들임으로, 그리고 무쌈만두(36쪽) 등의 재료로 활용해보세요.

재료

- 무 450g
- 원당 90g
- 식초 90g
- 물 150g

만드는 법

1. 무는 슬라이서로 얇게 썬다.
2. 냄비에 나머지 재료를 모두 넣고 원당이 녹을 때까지 끓여 절임물을 만든다.
3. 소독한 병에 무를 넣고 한 김 식힌 절임물을 넣는다.
4. 병에 담은 쌈무는 반나절 실온에 두었다가 냉장고에 넣는다.

TIP

- 무 슬라이스는 얇을수록 간이 잘 배어 맛있어요.
- 여름철에는 상온에 두는 시간을 조금 줄여도 돼요.
- 냉장고에 넣고 하루 정도 지난 다음 먹으면 맛있어요.
- 비트나 강황가루를 물에 우려 색상을 더해줘도 좋아요.

맛있게, 저염식

연근 유자절임 & 연근초밥

연근피클에 유자 향을 더해 맛과 향이 풍부한 유자절임은 얇게 슬라이스해서 만들어두면 단촛물을 따로 만들 필요 없이 간단하게 초밥을 만들어 먹을 수 있어요. 고기 드실 때 쌈무 대신 곁들여도 좋답니다.

재료

- 연근 150g
- 유자청(건더기) 1T
- 밥 2공기

단촛물 재료

- 식초 2.5T
- 원당 2.5T
- 물 100ml

만드는 법

1. 연근은 얇게 슬라이스한 다음 끓는 물에 1분간 데친다.
2. 냄비에 단촛물 재료를 넣고 끓인 후, 한 김 식힌다.
3. 2에 유자청을 넣는다.
4. 소독한 병에 연근을 넣고 단촛물을 부어준다. (반나절 상온에 두었다 냉장고에서 하루 정도 숙성시킨 후 먹는다.)
5. 밥을 한입 크기로 뭉쳐준다.
6. 절여둔 연근을 밥 위에 감싸고 양옆을 살짝 눌러 연근과 밥을 고정시킨다.
7. 자른 김을 연근 위에 띠로 둘러준다.

TIP

- 과정 6에서 밥이 따뜻한 상태에서 연근을 올려 눌러야 잘 붙어요.
- 연근 두께를 3~5mm로 만들면 피클로 먹기 좋아요.
- 볶음밥을 한입 크기로 만들어 그 위에 올려 먹어도 맛있어요..

주키니 피클

서양에서 가니쉬로 많이 사용되는 주키니호박은 애호박보다 크고 통통하여 돼지호박이라고도 불려요. 가열 조리하면 비타민 C가 파괴되기 쉬워 생으로 먹어야 더 좋은 채소랍니다. 주키니호박으로 피클을 만들어 드셔보세요. 부드러우면서 오독한 식감이 매력적이랍니다.

재료

- 주키니호박 1개(400g)
- 물 160g
- 식초 110g
- 원당 130g
- 꽃소금 2꼬집
- 피클링 스파이스 0.5t
- 치자가루 1t(생략 가능)

* 물 : 식초 : 원당의 비율을 10 : 7 : 8로 맞추면 돼요.

만드는 법

1. 주키니호박은 반으로 길게 자른 뒤, 3~5mm 간격으로 썬다.
2. 냄비에 식초를 제외한 나머지 재료를 넣고 원당이 녹을 때까지 끓인다.
3. 불을 끄고 식초를 넣는다.
4. 소독한 병에 주키니호박을 넣고 완전히 식힌 3을 부어준다.
5. 반나절 실온에 뒀다 냉장고에 넣고 다음날 먹는다.

TIP

- 주키니호박 특유의 향은 2~3일 정도면 날아가기 때문에 그 향을 싫어하는 분들도 숙성된 피클은 거부감 없이 먹을 수 있어요.

맛있게, 저염식

유자 무절임

소금을 사용하지 않은 무절임이에요. 단무지나 피클 대신 먹으면 깔끔하고 맛있어요. 무염이라 염분 걱정 없이 먹을 수 있고, 오독하고 새콤달콤한 무 반찬이지요.

재료

- 무 200g
- 원당 1T
- 유자청 4t
- 식초 3T

만드는 법

1. 무는 너무 두껍지 않게 연필 깎듯 썬다.
2. 볼이나 비닐팩에 무와 식초, 원당을 넣고 골고루 섞어 2~3시간 정도 절인다. 중간중간 섞어준다.
3. 절여진 무는 손으로 살짝 물기를 짠 뒤, 유자청을 넣고 버무린다.

1

2

3

TIP

- 바로 먹는 것보다 1~2시간 있다 먹으면 더 맛있어요.

맛있게, 저염식

적채 절임

적양배추는 일반 양배추보다 설포라판이 4배나 풍부하여 염증 완화 작용이 뛰어나고, 비타민 U가 풍부하여 위 건강에 좋은 채소예요. 저열량이면서 섬유질이 풍부하고 포만감도 주는 채소라 다이어트에도 좋아요. 샐러드나 샌드위치에 활용하기 좋으며 색감도 예뻐 식욕을 돋우어준답니다.

재료

- 적양배추 250g
- 식초 1.5~2T
- 원당 1.5~2T
- 꽃소금 1.5g

만드는 법

1. 적양배추는 얇게 채 썰어 물기를 제거한다.
2. 볼에 채 썬 양배추와 소금을 넣고 손으로 적당한 힘을 주며 조물조물 버무린다. (이 과정에서 숨이 양배추의 숨이 죽으면서 물이 생긴다.)
3. 식초와 원당을 넣고 잘 섞는다.
4. 소독한 병에 담는다.

--- TIP ---

- 식초와 원당의 양은 기호에 따라 가감해주세요.
- 조금 더 저염으로 드시고 싶다면, 과정 2에서 생긴 물을 버리고 생수 50ml를 넣어주세요.
- 완성된 적채 절임은 냉장고에 몇 시간 두었다 먹으면 맛있어요.
- 샐러드나 밑반찬, 샌드위치, 김밥 등에 활용하기 좋아요.
- 먹기 전에 절임물을 골고루 섞어주세요.

맛있게, 저염식

299

봄동 겉절이

염분이 높은 김치보다는 그때그때 겉절이를 만들어 즐겨 먹어요. 봄을 알리는 달달한 봄동은 단맛이 강하고 아삭한 식감이 좋아 양념을 많이 넣지 않아도 맛있답니다. 비타민 A의 전구체인 베타카로틴 함유량이 높은 채소로 항산화 성분이 풍부해요. 사과를 넣어 더 아삭하고 상큼한 겉절이를 만들어 드셔보세요.

재료

- 봄동 180~200g
- 사과 1/4개(50g)
- 통깨 약간

양념장 재료

- 고춧가루 1T
- 식초 3t
- 다진 마늘 1t
- 들기름(참기름) 1T
- 매실액 1T
- 멸치액젓 1t

만드는 법

1. 깨끗하게 손질하여 세척한 봄동은 물기를 털고, 먹기 좋은 크기로 자른다.
2. 사과는 얇게 썬다.
3. 볼에 봄동, 사과, 양념장을 넣고 버무린다.
4. 통깨를 뿌린다.

TIP

- 봄동 속대로 겉절이를 만들면 더 달큰하고 맛있어요.

맛있게, 저염식

방울 토마토 겉절이

앞에 나왔던 매실액 절임과는 달리 겉절이 양념을 넣어 감칠맛이 풍부한 반찬이에요. 토마토와 멸치액젓의 조화가 훌륭하답니다. 방울토마토 대신 토마토를 6등분하여 만들어도 좋아요.

재료

- 방울토마토 350g
- 영양부추(쪽파) 20g
- 통깨 약간
- 양파 1/4개

양념 재료

- 고춧가루 1T
- 멸치액젓 1t
- 다진 마늘 0.5t
- 매실액 1T
- 식초 1t

만드는 법

1. 방울토마토는 + 모양으로 칼집을 내어 끓는 물에 10초 이내로 데친 뒤, 찬물에 열을 식히고 껍질을 벗긴다.
2. 양파는 채 썰고, 영양부추는 2cm 길이로 자른다.
3. 토마토와 양파, 부추를 볼에 넣고 고춧가루를 넣어 버무린다.
4. 나머지 양념 재료를 넣고 살살 버무려주고 통깨를 뿌린다.

TIP

- 새콤한 맛을 좋아하지 않는다면 식초는 생략해도 돼요.
- 영양부추 대신 쪽파나 달래 등을 활용해도 좋아요.
- 방울토마토 껍질을 벗기는 것이 번거롭다면 방울토마토를 2등분하여 사용해도 돼요.

맛있게, 저염식

303

간식

아이를 키우는 집에선 간식 시간이 빠질 수 없죠. 자연의 순한 단맛을 최대한 활용하여 건강을 생각한 간식 레시피들이에요. 어른들의 다과 시간에도 잘 어울릴 거예요.

단호박 호떡

비타민 A가 풍부한 단호박은 제철인 가을에 당도가 높아요. 밀가루 대신 단호박을 이용하여 호떡을 만들어 드셔보세요. 소량의 기름으로 구워 담백하고 건강한 간식 메뉴랍니다.

재료

- 미니 단호박 2개(800g)
- 물 1~2T
- 찹쌀가루 2T

호떡소 재료

- 마스코바도 4t
- 다진 견과류 4t
- 시나몬가루 약간

만드는 법

1 단호박은 4등분으로 잘라 씨를 빼내고, 전자레인지에 3분 돌린다.

2 에어프라이어에 170도로 10분간 구워준다.

3 껍질을 벗겨내고 볼에 으깬 뒤, 물과 찹쌀가루를 넣어 섞는다.

4 30g씩 동그랗게 빚은 뒤 구멍을 내어 호떡소를 넣고, 다시 둥글넓적하게 빚는다.

5 호떡 앞뒷면에 식용유를 바르고 에어프라이어에 150도로 10분 이내로 구워준다.

1

tip / 4

TIP

- 익힌 단호박의 열기를 빨리 빼줘야 수분이 덜 생기므로, 랩이나 뚜껑은 바로 오픈하고, 단호박을 으깬 뒤 주걱으로 빠르게 뒤적여가며 수분을 날려주세요.. 반죽이 손에 묻어나오지 않을 정도가 되어야 하며, 계속 묻어나온다면 쌀가루를 조금 추가해주세요.(사진 참고)
- 단호박마다 수분 양이 다르므로 물은 반죽의 상태에 따라 가감하세요.
- 단호박 껍질까지 다 으깨서 만들어도 좋아요.
- 1번 과정을 생략하고 에어프라이어에 익혀줘도 괜찮아요.
- 동그랗게 빚어 빵가루를 묻혀 구우면 크로켓이 됩니다.

맛있게, 저염식

유자 화채

11월이 제철인 유자는 비타민 C가 풍부하고, 달고 신맛이 나요. 감기 예방에 좋은 대표적인 과일이지요. 유자청을 담글 때 미리 빼두었다 화채를 만들어 드셔보세요. 입안 가득 퍼지는 유자 향과 새콤달콤 시원한 맛으로 행복해진답니다.

재료

- 유자 1개
- 석류 약간
- 원당 1t
- 배 1/2개

설탕 시럽 재료

- 물 400ml
- 원당 5t

만드는 법

1. 설탕 시럽을 미리 끓여 식혀둔다.
2. 유자는 잘 세척한 후 물기를 제거하고, 4등분해서 과육과 껍질을 분리한다.
3. 과육 속의 씨를 뺀 후 잘게 다져 원당을 넣고 절인다.
4. 겉 껍질은 노란 겉 부분과 흰 부분을 분리하여 포를 뜬 후 얇게 채를 썬다. 흰 부분은 한 번 더 얇게 포를 떠주면 좋다.
5. 배를 얇게 채 썬다.
6. 3을 그릇에 깔고, 채 썰어둔 유자 껍질과 배를 올린 뒤, 석류 알을 맨 위에 올린다.
7. 식힌 설탕 시럽을 부어준다.

TIP

- 얼음을 곱게 갈아 넣어줘도 좋아요.

맛있게, 저염식

율란

율란은 숙실과의 일종으로, 쪄서 으깬 밤에 조청이나 꿀을 섞어 밤 모양으로 만들어놓은 한과예요. 깐 밤을 이용하여 간단하게 만들어보세요. 귀여운 밤 모양과 부드러운 식감이 아이들 간식이나 다과상에 잘 어울린답니다. 손님 접대용으로도 손색없지요.

재료

- 삶은 밤 200g
- 조청(꿀, 유자청) 1T
- 물(우유) 1T

*물 또는 우유의 양은 반죽의 상태에 따라 가감합니다.

고명 재료

- 검정깨 약간
- 잣 약간
- 시나몬가루 약간

만드는 법

1. 깐 밤을 찌거나 삶은 뒤 매셔로 곱게 으깬다.
2. 볼에 밤, 조청을 넣고 잘 섞는다. 반죽의 상태에 따라 물을 조금씩 넣어준다.
3. 깨와 잣은 살짝 볶아 갈아준다.
4. 밤은 20g씩 나눠 뭉쳐준 뒤, 알밤 모양을 잡아준다.
5. 밤의 밑부분에 조청을 살짝 바르고 3가지 고명을 묻혀준다.

(TIP)

- 매셔로 으깬 밤을 체에 한 번 내려주면 더욱 부드러워져요.

맛있게, 저염식

311

이모 모찌

감자떡이라고도 불리는 이모모찌. 부드러운 감자 속에 치즈를 넣어 쫀득함을 더했어요. 담백한 단짠 조합으로 누구나 좋아할 만한 간식 메뉴예요.

재료

- 감자(중) 3개(250g)
- 전분가루 2T
- 찹쌀가루 1T
- 치즈 30g

조림장 재료

- 마스코바도 1T
- 간장 1t
- 물 2T

만드는 법

1. 감자는 적당한 크기로 잘라 끓는 물에 삶아 으깬다. 전자레인지나 에어프라이어에 익혀도 좋다.
2. 으깬 감자에 전분가루와 찹쌀가루를 넣어 골고루 섞어준 뒤 동글동글하게 빚는다.
3. 빚은 반죽에 구멍을 내고, 치즈를 넣어준 뒤 다시 덮어 넓적하게 눌러준다.
4. 식용유를 두른 팬에 약불로 굽는다. 치즈가 터져 나오지 않게 조심해서 뒤집어가며 익혀준다.
5. 조림장 재료를 섞어 팬에 붓고 중약불로 끓이다 바글바글 끓어오르면 만들어둔 감자를 넣고 잘 스며들도록 조린다.

2

2

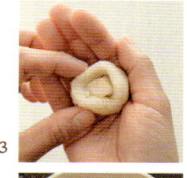

3

5

TIP

- 으깬 감자는 주걱으로 빠르게 뒤적여주며 수분을 날려주세요. 수분을 최대한 날려주는 것이 포인트예요.
- 과정 2에서 가루를 넣어 섞었을 때 손에 많이 묻으면 가루를 조금씩 추가해주세요.

맛있게, 제염식

고구마 경단

아이들이 학원 가기 전, 속을 든든하게 해주면서도 건강한 간식을 챙겨주는 편이에요. 떡 대신 고구마를 이용해 경단을 만들면, 고구마의 부드러운 식감과 달콤한 맛이 고물과 어우러져 맛있답니다. 우유나 두유를 곁들여 즐거운 간식 시간을 가져보세요.

재료

- 고구마 300~350g
- 카스텔라 1/2개
- 시나몬가루 약간
- 유자청 1T
- 볶은 콩가루 약간

*고구마는 껍질을 벗긴 무게입니다.

만드는 법

1 고구마는 껍질을 벗겨 4~5등분으로 썰고 끓는 물에 삶거나 찜기에 쪄서 익힌다.

2 익은 고구마를 볼에 넣고 매셔로 곱게 으깨준 뒤, 유자청을 넣고 버무린다.

3 한입 크기로 동글동글하게 빚어준다.

4 카스텔라는 곱게 갈아 가루를 낸다.

5 삼색 고물(카스텔라 가루, 시나몬가루, 콩가루)에 3을 굴리면서 표면에 골고루 묻혀준다.

2

3

5

TIP

- 고물은 취향에 따라 바꿔도 좋아요.
- 유자청 대신 꿀이나 조청을 사용해도 돼요. 고구마 당도가 높다면 생략해도 됩니다.

맛있게, 저염식

315

호두 강정

일반적인 호두강정과는 달리 심플한 재료로 만들었어요. 달지 않고 바삭하며, 건강한 맛의 호두강정이에요. 양가 부모님이 좋아하셔서 자주 만들고 있답니다. 선물용으로 아주 좋은 메뉴죠.

재료

- 호두 300g
- 굵은소금 3~4꼬집
- 마스코바도 1.5T
- 조청 1T

만드는 법

1 호두는 물에 여러 번 씻어 가루를 씻어내고, 끓는 물에 3~5분간 데친다.

2 데친 호두는 찬물에 헹구고, 체에 밭쳐 물기를 제거한다.

3 예열하지 않은 에어프라이어에 넣고 150도로 9~10분간 구워준다.

4 궁중팬에 조청, 소금, 마스코바도를 넣고 중불로 끓인다.

5 바글바글 끓어오르면 호두를 넣고 골고루 섞으며 조린다.

6 조려진 호두는 예열하지 않은 에어프라이어에 넣고 150도로 7~8분간 굽는다.

7 구운 호두를 식힘망에 넓게 펼쳐 식힌다.

4

5

7

--- TIP ---

- 에어프라이어에 따라 화력이 다르기 때문에 호두를 구울 때 타지 않도록 중간중간 확인해주세요.
- 에어프라이어에 호두를 넣을 때에는 겹쳐지지 않게 잘 펼쳐주세요.

맛있게, 저염식

백앙금

시중에 파는 첨가물이 많고 단맛이 강한 백앙금 대신 집에서 건강한 백앙금을 만들어보세요. 콩을 불릴 필요 없이 유기농 통조림을 이용하여 번거로운 과정을 줄여 만들었답니다. 한번 만들 때 넉넉하게 만들어 한 번에 먹을 양을 소분하여 냉동 보관하셔도 좋아요.

재료

- 버터빈 통조림 400g
- 원당 50g
- 소금 2꼬집
- 물 50ml

만드는 법

1 통조림은 콩만 채반에 밭쳐 뜨거운 물을 부어가며 흔들어 씻는다.

2 콩과 물 50ml를 믹서에 넣고 곱게 간다.

3 간 콩을 굵은 채반에 넣고 누르며 껍질이 분리되도록 걸러준다.

4 냄비에 3과 원당, 소금을 넣고 중강불에서 4분~4분 30초간 저어 수분을 날려준다.

5 원하는 농도보다 살짝 묽을 때 불을 끈다.

1

3

4

TIP

- 보통 원당의 양은 콩 무게의 30%를 넣지만, 10~15% 정도만 넣었어요.
- 소금을 소량 넣으면 단맛을 더 끌어올릴 수 있어요.
- 소분하여 냉동 보관하면 3개월 정도 보관 가능해요.

맛있게, 저염식

앙금 절편

시중에 있는 떡은 설탕과 소금이 생각보다 많이 들어가요. 만들어 둔 백앙금을 이용하여 집에서 떡을 만들면 건강하고 맛있게 먹을 수 있어요. 다양한 천연가루를 활용하여 다채로운 색상의 떡을 만들면 눈도 즐거워지겠죠?

재료 (8~10개 분량)

- 멥쌀가루 200g
- 비트가루 1~2t
- 참기름 약간
- 물 135ml
- 원당 약간
- 백앙금 150g(318쪽 참조)
- 소금 2꼬집

* 멥쌀가루는 햇쌀마루 가루멥쌀 제품을 썼어요. 첨가물도 없고 떡을 쉽게 만들 수 있도록 제분된 습식 쌀가루예요. 일반 멥쌀가루로 만들 경우 물 양이 더 많이 들어가야 해요.
* 비트가루는 딸기가루, 쑥가루 등으로 대체 가능합니다.

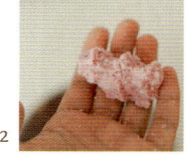
2

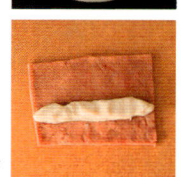
4

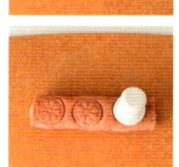
7

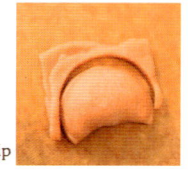
8

tip

만드는 법

1 물에 소금 2꼬집을 넣고 잘 녹인다.

2 볼에 멥쌀가루와 비트가루를 넣고 과정 1의 물을 넣어가며 잘 섞는다. 가루의 수분량에 따라 물은 조금씩 가감한다. 날가루가 없고, 쥐었다 폈을 때 뭉쳐져 있으면 된다.

3 찜기에 시루밑이나 젖은 면보를 깔고 그 위에 원당을 조금씩 전체적으로 뿌린다.

4 3 위에 2를 골고루 펼친다.

5 김이 오른 솥에 찜기를 올리고 강불에 20~25분간 찐다.

6 뜸은 들이지 않고, 찐 반죽이 뜨거울 때 치댄다.

7 밀대로 균일하게 펼쳐 밀고 앙금을 올려 접듯이 말아준다.

8 떡 도장을 찍은 뒤 자른다.

9 표면이 굳지 않도록 참기름을 골고루 바른다.

맛있게, 저염식

TIP

- 같은 방법으로 알·금을 작고 둥글게 만들어 반죽에 넣고 바람떡 틀로 찍어 내면 바람떡이 됩니다.
- 과정 6에서 반죽을 많이 치댈수록 쫄깃해집니다.

군 고구마 만쥬

앞에서 만든 백앙금을 활용한 메뉴예요. 토치로 불 향을 입혀, 입에 넣으면 부드러운 군고구마 맛이 나는 간식이에요. 토치 대신 오븐에 굽거나 백앙금을 생략하고 소량의 우유를 섞어 만들어 먹어도 맛있어요. 아이부터 어른까지 즐길 수 있는 메뉴랍니다.

재료

- 밤고구마 300~350g
- 백앙금 50g(318쪽 참조)

* 백앙금은 원당 1T로 대체할 수 있어요.

만드는 법

1. 세척한 고구마는 찜기에 넣고 25~ 30분간 찐다.
2. 고구마는 껍질을 벗겨 볼에 넣고 매셔로 으깬다.
3. 2에 앙금 또는 원당을 넣고 잘 섞는다.
4. 한입 크기로 동그랗게 빚은 다음 면보나 랩에 넣고 돌돌 말아 윗부분을 비틀어준다.
5. 토치로 윗면을 살짝 그을려준다.

2

4

4

5

TIP

- 토치가 없으면, 달걀 노른자를 윗부분에 바르고(생략 가능) 오븐이나 에어프라이어에 넣고 180도로 5~10분 정도 윗부분이 노릇해질 정도로 구워도 예쁘고 맛있어요.
- 과정 2에서 고구마가 따뜻할 때 으깨야 부드럽고 곱게 으깨져요. 체에 한 번 내려주시면 더욱 부드러워져요.
- 호박고구마는 수분이 많아 반죽이 질어질 수 있으니 밤고구마로 만들어주세요. 호박고구마로 할 경우 찌거나 삶기보다는 에어프라이어에 굽는 것이 더 좋아요.
- 과정 3에서 앙금을 고구마와 같이 섞지 않고 앙금을 작게 뭉쳐 고구마 속에 넣어도 좋아요.

맛있게, 저염식

소스

요리조리 유용하게 사용할 수 있는 소스 모음이에요. 소스류를 만들 때 어떻게 하면 나트륨 함량을 줄이면서도 맛있게 만들 수 있을지 고민을 많이 한답니다.

무염 달래장

이른봄에 만날 수 있는 달래는 톡 쏘는 향과 알싸하고 쌉싸름한 맛이 매력적이에요. 달래에 풍부한 알리신 성분은 원기 회복과 자양강장에 효능이 있지요. 일반적으로 사용하는 간장 대신 오미자액과 육수를 넣어 향과 감칠맛을 더해주었어요. 처음에는 익숙하지 않은 맛이지만 몇 번 맛보면 매력적이랍니다.

달래 손질은 힘들지만, 만들어두면 맨밥에 김만 있어도 맛있는 한 끼를 드실 수 있어요.

재료

- 달래 100g
- 고춧가루 1T
- 오미자액 1T
- 육수 4~5T
- 참기름 1T
- 올리고당 1T
- 식초 1T
- 간 깨 2t

만드는 법

1 달래는 수염 끝 머리 부분을 깨끗하게 다듬고 흐르는 물에 여러 번 세척한다.

2 물기를 제거한 달래는 1~3cm 길이로 먹기 좋게 자른다.

3 볼에 달래를 넣고 나머지 재료를 모두 넣어 살살 버무린다.

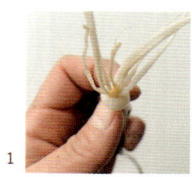
1

tip

2

3

TIP

- 달래의 머리 부분을 칼로 눌러주면 더 풍부한 달래 향을 느낄 수 있어요.
- 오미자액 대신 오미자식초를 사용할 경우 일반 식초는 생략해주세요.
- 올리고당은 입맛에 맞춰 가감하고, 새콤한 맛을 좋아하지 않으면 식초는 생략해주세요.
- 오미자액이 없거나, 무염 달래장이 익숙하지 않다면 저염 버전으로 만들어 보세요. 저염 달래장은 식초와 오미자액을 생략하고 간장 1.5T를 추가하면 됩니다.
- 솥밥이나 두부조림, 고기에 곁들여 드셔보세요. 특히 육류와 함께 먹으면 콜레스테롤을 낮춰주는 효과가 있습니다.

맛있게, 저염식

약고추장

한번 만들면두면 맨밥에 약고추장과 들기름만 넣고 비벼 먹어도 훌륭한 맛이에요. 쌈장 대신 약고추장으로 쌈밥을 드시거나, 여행 갈 때 비상용 반찬으로 가져가기에도 좋아요. 매콤달콤하면서도 고기의 육즙이 어우러져 입맛을 돋워주죠.

재료

- 소고기 다짐육 200g
- 청주 1T
- 조청 1T
- 양파 1/2개(100g)
- 다진 대파 1T
- 물 3T
- 다진 마늘 1t
- 고추장 2T

소고기 밑간 재료

- 사과즙 2T(원당 1T)
- 다진 마늘 0.5t
- 맛술 1T

만드는 법

1. 소고기는 키친타월로 핏물을 닦고, 밑간 재료에 버무려둔다.
2. 양파를 다진다.
3. 예열한 팬에 식용유를 두르고 양파, 파, 마늘을 넣고 노릇해질 때까지 강불에 볶는다.
4. 양파가 노릇해지면, 소고기와 청주를 넣어 수분이 나왔다 사라지고 기름이 나올 때까지 강불에 볶는다.
5. 물과 고추장을 넣고 약불에 5분간 볶는다.
6. 불을 끄고 조청을 넣어 버무려준다.

3

4

5

> **TIP**
>
> - 과정 4를 잘 해줘야 냄새가 나지 않고, 쉽게 상하지 않아요.
> - 과정 6에서 호두나 잣을 다져 넣어줘도 맛있어요.
> - 보존 기간을 늘리려면 수분을 최대한 날려주세요.
> - 재료들을 칼로 잘게 다져 만들면 더욱 맛있어요.

맛있게, 저염식

329

라구 소스

미트 소스의 일종인 라구 소스는 토마토와 다진 고기, 채소를 넣고 오랜 시간 끓인 소스예요. 파스타나 리조또, 라자냐, 라따뚜이 샌드위치, 피자 등에 넣으면 맛있답니다. 레시피의 2배 양으로 만들어 냉동 보관해두고 사용해도 좋아요.

재료 A

- 소고기 다짐육 300g
- 토마토 4개(800g)
- 당근 1/2개
- 돼지고기 다짐육 200g
- 화이트와인(청주) 2T
- 버터 10g
- 양파 1개

재료 B

- 닭 육수 200ml
- 마스코바도 2~2.5T
- 월계수 잎 2장
- 카레가루 1.5t
- 파프리카가루 2T
- 소금 0.5t

만드는 법

1. 양파와 당근은 잘게 다진다.
2. 토마토는 + 모양으로 칼집을 낸 뒤, 끓는 물에 15초 데치고 찬물에 담가 껍질을 벗기고 손으로 뭉개거나 잘게 다진다.
3. 예열한 냄비에 버터를 녹여 고기와 청주를 넣고 강불로 빠르게 볶는다. 잡내가 남지 않도록 물기가 다 흡수될 때까지 빠르게 저어주며 볶는다.
4. 다 볶은 고기에 다져둔 양파, 당근을 넣고 중불로 15분 정도 볶는다.
5. 토마토와 재료 B를 넣고 뚜껑을 닫은 채 중약불로 20분, 약불로 1시간 정도 끓인다. 중간중간 눌어붙지 않게 확인하며 섞어준다.
6. 수분이 대부분 날아가면 불을 끄고 소독한 병에 담는다.

맛있게, 저염식

라구 소스 스파게티

(TIP)

- 신맛이 강한 토마토는 씨 부분을 빼고 사용하세요.
- 1시간 정도 끓이면 드지만 오래 끓일수록 깊은 맛이 나요.
- 셀러리를 잘게 다져 양파와 당근을 넣을 때 함께 넣어도 맛있어요.
- 냄비의 두께가 얇은 경우 수분이 빨리 날아갈 수 있으니 처음부터 약불로 끓여주세요.
- 5일 정도 냉장 보관할 수 있어요. 그 이상의 기간은 냉동 보관해주세요.
- 토마토의 신맛에 따라 마스코바도 양을 가감해주세요.
- 파프리카가루가 없다면 맵지 않은 고운 고춧가루를 4t 넣거나, 토마토소스 2T를 넣어주세요.
- 마지막 과정에서 소스를 조릴 때, 소스의 묽기는 취향에 맞춰주세요.

토마토 소스

토마토는 비타민과 무기질이 풍부하며 체내 나트륨 배출, 피부 미용, 다이어트 등 다양한 효능을 가지고 있는 채소예요. 생으로 섭취해도 좋지만 익혀서 섭취하면 영양 성분 흡수율을 더 높일 수 있답니다. 토마토를 푹 익혀 소스를 만들어보세요. 한 번 만들 때 많은 정성을 요하지만, 1회분씩 소분하여 냉동 보관해두면 다양한 요리에 활용하기 좋은 소스예요.

재료

- 토마토 1kg
- 양파 1개
- 다진 마늘 1t
- 케첩 1T
- 마스코바도 1T
- 월계수 잎(바질) 약간
- 물 50ml(선택)

만드는 법

1 토마토는 꼭지를 따고 + 모양으로 칼집을 내어 끓는 물에 10초간 데친다. 껍질이 벌어지면 찬물에 담가 껍질을 벗긴다.

2 토마토는 적당한 크기로 썬다.

3 양파는 조금 굵게 다진 뒤, 팬에 식용유를 두르고 10~15분 정도 볶는다.

4 냄비에 다진 마늘을 제외한 재료를 모두 넣고 뚜껑을 닫은 채 강불에 5분, 중약불 25분, 약불 10분 순으로 끓이다가 다진 마늘을 넣고 10분 뒤에 불을 끈다. 중간중간 눌어붙지 않게 저어준다. 수분이 부족해지면 중간에 물 50ml를 더해 끓인다.

5 소독한 병에 담는다.

1

4

4

> **TIP**

- 무쇠솥이나 두꺼운 냄비를 사용해야 물을 추가하지 않고 할 수 있어요. 냄비가 얇을 경우 끓이면서 물을 더해주는 과정이 필요해요.
- 토마토소스는 냉장 시 1주일 동안 보관할 수 있어요.
- 2~3배로 만들어 소분하여 냉동하면 편리합니다.
- 토마토의 신맛을 좋아하지 않는다면 씨 부분을 빼고 조리하세요.

맛있게, 저염식

찾아보기

가나다순

136 가지나물조림	66 닭고기 두부완자	80 무말랭이 유부조림
276 가지덮밥	94 닭다리살 스테이크	142 무말랭이무침
42 가지찜	288 당근라페	144 무생채
54 간장찜닭	260 당면 달걀국	36 무쌈만두
182 감자샐러드	186 도라지튀김	326 무염 달래장
266 감자옹심이 청포묵국	264 도토리 들깨탕	290 무염쌈무
198 감자크로켓	202 두릅카츠	214 무전
256 경상도식 소고기 뭇국	172 두부 샐러드	216 묵전
314 고구마경단	92 두부 스테이크	258 미역국
204 고구마줄기강정	174 두부 토마토 카프레제	252 밤 타락죽
154 고구마줄기무침	242 두부면 김말이	302 방울토마토 겉절이
110 고구마줄기볶음	188 두부카츠	286 방울토마토 매실절임
62 고기감자조림	210 들깨 두릅 메밀전	318 백앙금
130 고추잡채 & 또띠아	158 들깨 연근버무리	300 봄동 겉절이
34 곰취만두	282 따로비빔밥	134 부드러운 가지나물
124 공심채볶음	272 떠 먹는 청포묵국수	50 부드러운 달걀찜
176 구운 브로콜리 샐러드	84 떡갈비	190 브로콜리 들깨강정
322 군고구마 만쥬	86 떡갈비 가지보트	228 브로콜리전
38 굴림만두	88 떡갈비 품은 단호박	230 비지전
164 꼬막무침	330 라구소스	218 비트 감자전
140 노각나물	106 마 찹쌀구이	152 사과 오이 달래무침
138 노각무침	200 마늘소스 연근스틱	68 새송이버섯조림
208 늙은호박전	112 마늘종 어묵볶음	178 샐러드 감자피자
254 늙은호박죽	212 매생이전	220 세발나물전
28 다시마육수	278 머위대덮밥	56 소갈비찜
156 단감생채	114 머위대볶음	60 소고기 장조림
64 단호박조림	100 메추리알 버섯구이	90 소떡소떡
306 단호박호떡	26 멸치육수	170 숙주 샐러드
126 달콤 플라워	116 명란감자볶음	40 쌈두부 배추찜

248	쌈두부 채소말이	268	유부주머니 어묵탕
192	아스파라거스 소고기카츠	96	유자 닭날개구이
70	알감자조림	78	유자 떡조림
320	앙금절편	296	유자 무절임
240	애호박 떡말이	308	유자화채
274	애호박국수	232	육전
44	애호박찜	310	율란
328	약고추장	312	이모모찌
102	약고추장 가지구이	298	적채절임
118	얇은 감자채볶음	294	주키니피클
244	양배추롤	30	쯔유
148	어린 열무나물	224	찰옥수수전
262	에그수프	150	청경채무침
104	연근 고기샌드	180	청포묵 샐러드
74	연근 무조림	162	청포묵무침
76	연근 완자조림	226	초당 옥수수전
108	연근 찹쌀구이	236	카레연근전
46	연근 찹쌀찜	234	콩가루 쑥전
194	연근강정	122	콩나물볶음
292	연근유자절임 & 연근초밥	332	토마토소스
72	연근조림	160	톳 두부무침
280	연잎밥	48	통연근찜
52	연잎수육	98	항정살 고추장볶음
120	오이뱃두리	316	호두강정
166	오징어채무침	246	훈제오리 호박잎쌈
222	우엉 찹쌀전		
128	우엉잡채		
196	우엉튀김		
146	원추리나물무침		

건강해지고 싶은 모두를 위해
맛있게, 저염식

펴낸날	2023년 4월 10일 초판 1쇄 발행
	2024년 1월 10일 초판 4쇄 발행
지은이	윤세경
교정	윤지현
펴낸이	안소정
펴낸곳	아 퍼블리싱
	서울특별시 강북구 한천로160길 48-3
	a_publishing@naver.com
	fax. 0303-3441-0902
ISBN	979-11-976233-4-9

Copyright ⓒ 윤세경

이 책은 저작권법에 따라 보호받는 저작물이므로 무단 복제 및 무단 전재를 금합니다.
이 책 내용의 전부 또는 일부를 재사용하려면 반드시 출판사의 동의를 받아야 합니다.
잘못된 책은 구입처에서 교환해 드립니다.